RÄTIKON

Gebietsführer für Wanderer und Bergsteiger

GÜNTHER FLAIG

Rätikon

Gebietsführer für Wanderer und Bergsteiger mit ausführlicher Beschreibung der Höhenwege

Mit 42 Fotos mit Routeneintrag, einer Übersichtsskizze und einer mehrfarbigen Wanderkarte 1 : 50 000

BERGVERLAG RUDOLF ROTHER GMBH · MÜNCHEN

Umschlagbild: Wandergruppe im Zalimtal oberhalb Brand,
am Zugang zur Oberzalim- und Mannheimer Hütte –
Schesaplana (R 96 und 106).
Im Hintergrund der Panüelerkopf (2859 m)
und der „Kämmerlischrofa".

Foto: Reinhard Ganahl

Foto gegenüber dem Titel: Sporaalpe mit Lindauer Hütte.

Foto: Klaus Puntschuh

Die Ausarbeitung der in diesem Führer beschriebenen Anstiege und Routen erfolgte nach bestem Wissen und Gewissen des Autors. – Die Benützung dieses Führers geschieht auf eigenes Risiko. – Soweit gesetzlich zulässig, wird eine Haftung für etwaige Unfälle und Schäden jeder Art aus keinem Rechtsgrund übernommen.

Bergverlag Rudolf Rother GmbH, München
5., neu bearbeitete Auflage 1999
ISBN 3-7633-3249-9
Druck und Bindung: Rother Druck GmbH, München

Inhalt

I. Einführung

II. Ausgangsorte, Tourengebiete, Übergänge

Bilderverzeichnis

I. Einführung

Allgemeines

1. Lage und Begrenzung

Der Rätikon liegt – auf Ostalpengebiet – an der Grenze zwischen Ost- und Westalpen; diese Grenze ist die Linie Comersee – Splügenpaß – Alpenrhein.
Die Ostalpen ihrerseits werden in der alpinen Geographie in drei etwa parallele Längszonen geteilt: Südliche Kalkalpen, Kristalline Zentralalpen in der Mitte, Nördliche Kalkalpen. In ihrem westl. Teil wird die Grenze zwischen den beiden letztgenannten Längszonen von Innsbruck über Landeck (Inntal) – Arlberg – Bludenz nach Feldkirch gezogen.
Im westlichen Teil der Zentralen Ostalpen werden vier Gruppen als „Nordrhätische Alpen" zusammengefaßt, nämlich die Rätikongruppe, kurz „der Rätikon" genannt, die Verwallgruppe, die Samnaun- und die Silvrettagruppe. Der Rätikon liegt somit orographisch in den Zentralalpen, obwohl die Masse seiner gebirgsbildenden Gesteine den Nördlichen Kalkalpen angehört, denen er geologisch auch zugeordnet wird. Drei Staaten – Österreich, das Fürstentum Liechtenstein und die Schweiz – teilen sich in die Rätikongruppe.

Begrenzung des Rätikon: Im O Schlappinerjoch, 2203 m, mit Gargellen- und Schlappintal gegen die Silvretta; im N das Illtal (Montafon – Walgau) vom Ausgang des Gargellentals bei St. Gallenkirch über Schruns, Bludenz und Feldkirch bis zur Illmündung in den Rhein; im W das Rheintal von Feldkirch (Illmündung) bis Landquart am Ausgang des Prättigaus; im S das Tal der Landquart (= Prättigau) von der Schlappinbachmündung bei Klosters bis zur Landquartmündung in den Rhein. Der Rätikon formt einen Rhombus, dessen spitze Winkel bei Feldkirch und Klosters, dessen stumpfe bei St. Gallenkirch und Landquart liegen.

Staatsgrenzen: Der wasserscheidende, etwa 40 km lange Hauptkamm zwischen Ill und Landquart, das Rückgrat des Rätikon, trägt auch die Staatsgrenze zwischen Österreich bzw. Liechtenstein einerseits (im N) und der Schweiz andererseits (im S). Das Fürstentum Liechtenstein liegt zur Gänze auf Rätikongebiet.

2. Verkehrsübersicht (siehe Skizze auf der folgenden Seite)

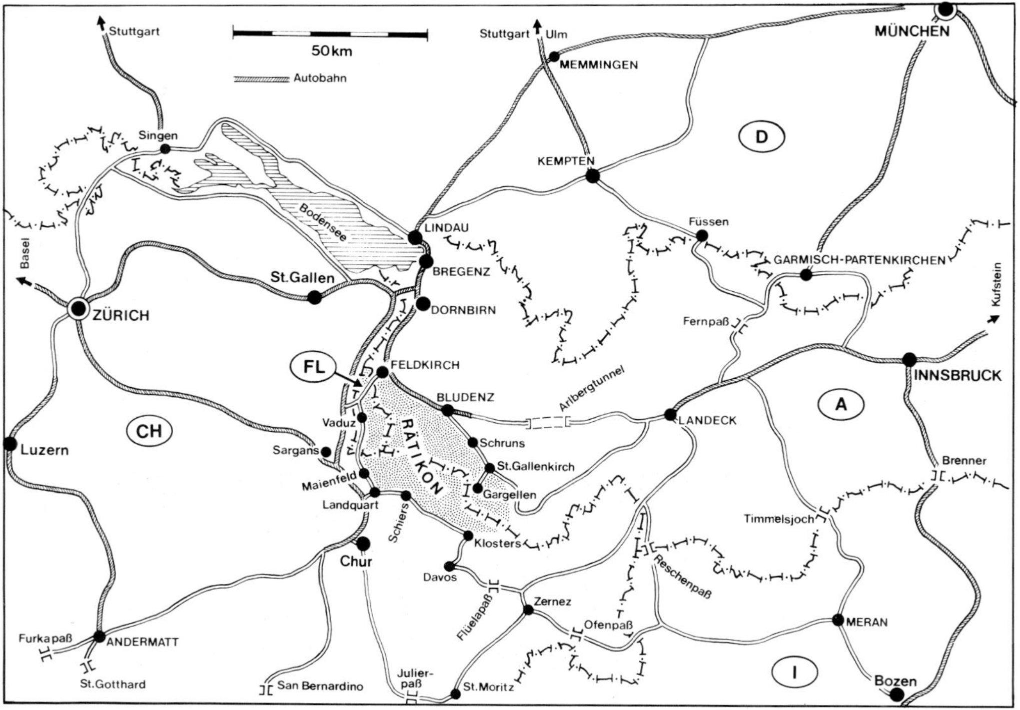
Stuttgart
50 km
Autobahn
Stuttgart
Ulm
MEMMINGEN
MÜNCHEN
Singen
D
KEMPTEN
Bodensee
LINDAU
Füssen
Basel
St.Gallen
BREGENZ
GARMISCH-PARTENKIRCHEN
ZÜRICH
DORNBIRN
Kufstein
Fernpaß
FL
FELDKIRCH
INNSBRUCK
Arlbergtunnel
BLUDENZ
A
CH
Vaduz
RÄTIKON
LANDECK
Luzern
Sargans
Schruns
St.Gallenkirch
Brenner
Maienfeld
Gargellen
Landquart
Timmelsjoch
Schiers
Klosters
Chur
Reschenpaß
Davos
Zernez
Flüelapaß
MERAN
Ofenpaß
Furkapaß
ANDERMATT
I
Julier-
paß
St.Gotthard
San Bernardino
St.Moritz
Bozen

Straßen und Eisenbahnen. Autobahn- und Straßenverbindungen sowie durchgehende internationale Züge aus Nord-, Nordwest- und Westdeutschland über Lindau/Bodensee bzw. – aus W-Europa – über Zürich bis Feldkirch bzw. Buchs oder Landquart sowie von Wien über Innsbruck und Bludenz nach Feldkirch.

Alle Anreisewege münden in die drei großen Umfassungstäler:

a) In Österreich: Von NW, W oder O nach Feldkirch bzw. Bludenz (– Arlberg); Montafoner Bahn Bludenz – Schruns; Straße Bludenz – Schruns – Gargellen.

b) In Liechtenstein: Von N, W oder O über bzw. bis Feldkirch oder Buchs, enges Straßennetz im Fürstentum.

c) In der Schweiz: Von N oder W bis Landquart. Rhät. Bahn und Talstraße von Landquart durchs Prättigau nach Klosters (– Davos).

3. Geologie

Der Rätikon liegt orographisch in den Zentralalpen, obwohl die Masse seiner gebirgsbildenden Gesteine den Nördlichen Kalkalpen angehört, denen er geologisch auch zugeordnet wird.
Die 40 km lange Hauptkette besteht aus den silbergrauen, mächtige Wandfluchten und Klötze bildenden Sulzfluhkalken, das sind Sedimentgesteine, die im Meer der Trias- und Jurazeit abgelagert wurden. Im Gebiet des mittleren Rätikon (Tilisuna) finden sich magmatische Gesteine (Serpentin, Amphibolit und Ophikalzit – „die schönsten Gesteine des Montafon". Der östl. Rätikon (Madrisagruppe) gehört zum Kristallin der Silvretta, mit dem geologisch besonders interessanten „Gargellner Fenster", wo helle Sulzfluhkalke aus dem darüberliegenden Silvretta-Gneis hervortreten und in seltener Klarheit den Deckenbau der Alpen zeigen. Die dem Hauptkamm südlich vorgelagerten grünen Vorberge sind ein Schiefergebirge aus tertiärem leicht verwitterndem Flysch (Bündner Schiefer). Die großen Seitenkämme des nordwestl. Rätikon (u. a. die Zimbagruppe) gehören den Kalken und Dolomiten der Triasformation an. Die Vergletscherung der Gruppe ist gering. Hochinteressantes Zeugnis der eiszeitlichen Großvergletscherung lieferten den Geologen die Sulzfluhhöhlen auf 2050–2300 m, drei davon im Nahbereich der Tilisunahütte. Die Höhen der namhaften Rätikongipfel bewegen sich fast ausnahmslos zwischen 2000 m und 3000 m. 33 Rätikongipfel erheben sich zwischen 2500 und 3000 m, 36 Gipfel zwischen 2000 m und 2500 m. Im Hauptkamm ist kein Gipfel unter 2500 m hoch, nur ein Gipfel, die Schesaplana, erreicht mit 2965 m fast die Dreitausender-

zone. Große relative Höhen der Gipfel sind eine besondere Eigenart der Gruppe und Ursache ihrer eindrucksvollen Wirkung. Von den zahlreichen Jöchern werden etwa 20 häufig als Übergänge benützt, 16 liegen über 2000 m, aber alle unter 2400 m. Siehe „Geologische Karte des Rätikon“ 1965.

4. Klima, Wetter, Jahreszeiten

Die beste Sommertourenzeit ist zwischen Mitte Juni und Ende September. Die südseitige Exposition der lohnenden Anstiege erlaubt teilweise bereits im Mai Touren und Klettereien. Beständigstes Wetter ist meist im Herbst, dem die klare Luft für gute Fernsicht zu eigen ist. Bei anhaltendem Schönwetter ist besonders auch der Oktober ein idealer Tourenmonat. Im Juni treten Gewitter häufiger auf; dafür ist dies die blütenreiche Zeit der Alpenflora. Wer mit bew. Schutzhütten rechnet, ist an die Zeit Zwischen (Anfang –) Mitte Juni und Anfang Oktober gebunden. Ausnahme: Private Berggasthöfe, die z. T. ganzjährig geöffnet sind. In Zweifelsfällen erkundige man sich vor Antritt der Tour.

5. Tier- und Pflanzenwelt, Naturschutz

a) Die Tierwelt des Rätikon

Wie die Pflanzenwelt, so ist auch die Fauna des Rätikon ungewöhnlich reich an Arten und Zahl. Nachstehend werden jene im Gebiet des Rätikon vorkommenden Tiere aufgezählt, deren Namen dem Hochgebirgswanderer besonders vertraut sein mögen:

Gemse	Dachs
Hirsch	Iltis
Reh	Marder (Stein- und Edelmarder)
Steinbock	Fuchs
Wiesel	Murmeltier
Hermelin	Feldhase
Eichhörnchen	Schneehase

Von den Vogelarten seien genannt:

Adler (Steinadler)	Falke	Steinhuhn
Auerwild	Habicht	Steinkauz
Birkwild	Haselwild	Uhu
Bussard	Sperber	Wildtaube
Eichelhäher	Schneehuhn	

b) Botanik

Die Flora des Hochrätikon ist reich entfaltet. Der mittlere und westl. Teil zeigt Kalkvegetation in reinster Ausprägung, ein verkleinertes Ebenbild der Dolomiten, mit typischem Gürtel aus Legföhren, Alpenrosen und Zwergstrauchheide von der subalpinen Zone bis gegen 2500 m. Auffallende Florascheide zwischen Sulzfluhkalk und Silvrettakristallin ist das Plasseggenjoch. Zu den botanischen Raritäten zählt die Nivalflora der Sulzfluh-Karrenfelder und der Totalp, zählt das Vorkommen der Campanula cenisia im Schesaplanabereich, seltener Steinbrech- und Mannsschildarten, ferner Purpurenzian, Alpenakelei, Feuerlilien und Gletscherhahnenfuß, während uns 2000 m unter dem Schesaplanagipfel auf der Südseite des Rätikon das Cyklamen europ. und die Narzissenfelder von Seewis-Fadära überraschen. Elf hochalpine Blütenpflanzen steigen bis auf den Gipfel der Sulzfluh, 2820 m, und fünf bis auf die Schesaplana, 2965 m. 1981 hat die Sektion Lindau ihren altberühmten Alpengarten bei der Lindauer Hütte („mit dem schönsten Talschluß der Ostalpen") wieder neu angepflanzt zur Betreuung durch Fachleute.

c) Naturschutz. In allen drei am Rätikon beteiligten Staaten Österreich, Liechtenstein und Schweiz bestehen streng gehandhabte Gesetze und Verordnungen zum Naturschutz (Tier-, Pflanzen-, Landschaftsschutz, Wald-, Jagd- und Umweltschutz). Zollwachorgane, Gendarmerie und (in Vorarlberg und Liechtenstein) die Naturwächter sind verpflichtet und befugt, die Einhaltung dieser Bestimmungen zu überwachen. Besonders wird auf die Waldbrandgefahr in Berglagen hingewiesen. Offenes Feuer im Wald oder Waldnähe und das Wegwerfen brennender Zigaretten usw. sind verboten. Pflückverzicht bei alpinen Blütenpflanzen ist ein lebenserhaltendes Anliegen des Naturschutzes. Jedermann sollte seine eigenen Abfälle ins Tal mitnehmen.

Die Schutzgebiete im Rätikon. Die nachstehend genannten Gebiete sind durch Verordnungen der Vorarlberger Landesregierung unter Schutz gestellt und durch Tafeln besonders gekennzeichnet.

Naturschutzgebiet:
Bangser Ried (63 ha, Gemeinde Feldkirch). Flachmoor mit seltenen Insektenarten, auch Pflanzenschutz. In der Rheintalebene in etwa 430 m Seehöhe, innerhalb der Rätikongrenzen.

Geschützte Landschaftsteile:
Rellstal und Lünerseegebiet (3328 ha, Gemeinde Brand und Vandans). Intensiv genutztes Wandergebiet von großer landschaftlicher Mannigfaltigkeit.

Drei Schwestern (Gemeinde Frastanz). Wandergebiet von besonderer landschaftlicher Schönheit.

Pflanzenschutzgebiete:

Nenzinger Himmel (1051 ha, Gemeinde Nenzing). Talschluß mit ausgedehnter Alpwirtschaft und reicher Alpenflora.

Lünersee (968 ha, oberhalb Brand, Gemeindegebiet Vandans). Vielbesuchter Seenbereich, Hauptdolomit und Gips mit kristallinen Einschüben.

Bazora (1096 ha, Gemeinde Frastanz). Naherholungsraum mit vielen Wochenendhäusern, Flysch.

Vandans-Tschagguns (4062 ha, Gemeinde Vandans und Tschagguns). Wandergebiet mit reicher Alpenflora in Hauptdolomit und Kristallin.

Praktische Hinweise

1. Literatur und Karten

a) „Alpenvereinsführer Rätikon“ von G. und W. Flaig. Ein Führer für Täler, Hütten und Berge, vollständig neu bearbeitet, verfaßt nach den Richtlinien der UIAA, mit 86 Fotos, 68 Anstiegsskizzen, 2 geologischen Profilskizzen sowie 12 farbigen Kartenausschnitten aus der Amtl. Österreichischen Karte 1 : 50000. 467 Seiten, 9. Auflage 1989. Der AV-Führer beschreibt den gesamten österreichischen, schweizerischen und liechtensteinischen Rätikon mit sämtlichen Gipfeln und allen Anstiegen. Geologische und erschließungsgeschichtliche Abschnitte, Literaturverzeichnis.

b) Karten

Die Kartenbeilage zu diesem Führer ist der Freytag & Berndt-Wanderkarte „Bludenz — Klostertal — Brandnertal — Montafon“ entnommen. Empfehlenswert sind außerdem die folgenden Blätter der Amtlichen Österreichischen Karte 1 : 50000 des Bundesamtes für Eich- und Vermessungswesen: 140 „Buchs“, 141 „Feldkirch“, 142 „Schruns“ und 169 „Partenen“.

„Landeskarte der Schweiz“ (LKS) 1:25000, enthält den ganzen Rätikon, ausgenommen eine kleine NO-Ecke. Schönste Darstellung des Gebirges, sämtliche Gipfel des Hauptkammes bis ins kleinste ausgeführt. Aus den zwei Blättern 1156 Schesaplana und 1157 Sulzfluh kann man sich den ganzen Rätikon-Hauptkamm von Falknis bis zur Scheienfluh zusammensetzen. Zur Ergänzung im NW dienen die Blätter 1136 Drei Schwestern und 1116 Feldkirch, im SO (Madrisagruppe) Blatt 1177 Serneus.

Geologische Karte: „Geologische Karte des Rätikon 1:25000“, herausgegeben von der Geologischen Bundesanstalt, Wien III., Auflage 1965.

2. Orientierung, Bergführer, Tourenführungen

Das gesamte Gebiet des Rätikon ist mit Schutzhütten und Stützpunkten in großer Zahl ausgestattet und von einem Netz von Berg- und Höhenwegen, Übergängen, Querverbindungen, Pfaden und Steiganlagen überzogen. Sie sind – ausgenommen in sehr selten begangenen und abgelegenen Bereichen – durchwegs betafelt und markiert, was das Zurechtfinden sehr erleichtert. In allen größeren Berg- und Ferienorten sind autorisierte Berg- und Skiführer stationiert und Tourenführungen üblich, auch in Form von regelmäßig stattfindenden geführten Wanderungen. Auskunft geben die regionalen Verkehrsverbände und die örtlichen Verkehrsämter (Wochenprogramme). Die Hüttenwirte sind z.T. selbst Bergführer. Alpinschulen bestehen derzeit in Brand, in Schruns und Klosters.

3. Alpine Auskunft

Telefonverbindung von Vorarlberg aus mit Liechtenstein und der Schweiz (Nahbereich).
Wer von Vorarlberg aus eine Telefonverbindung mit dem Fürstentum Liechtenstein herstellen möchte, wählt 0 04 23. Für den schweizerischen Nahbereich gilt 0041-81.

I. Touristische Auskünfte in Alpenvereinsfragen, besonders über AV-Schutzhütten, erteilen:

a) der **Deutsche Alpenverein,** D-8000 München 22, Praterinsel 5, Tel. (089) 29 49 40;

b) der **Österreichische Alpenverein,** A-6010 Innsbruck, Wilhelm-Greil-Straße 15, Tel. (05 12) 5 95 47;

c) in Vorarlberg die „Alpine Auskunftsstelle“ der ÖAV-Sektion Vorarlberg, Sekretariat der ÖAV-Sektion Vorarlberg, A-6700 Bludenz, Untersteinstr. 5, Tel. (0 55 52) 6 26 39;

d) im Fürstentum Liechtenstein der Liechtensteiner Alpenverein, FL-9490 Schaan;

e) in der Schweiz wendet man sich an die Sektion Prättigau des Schweizer Alpenclubs (SAC) in CH-7250 Klosters;

f) auf die bei den einzelnen Hütten angegebenen Telefonnummern – sofern mit Telefonanschluß ausgestattet – wird hingewiesen.

II. Touristische Auskünfte in Fremdenverkehrsfragen (Prospekte, Gaststättenverzeichnisse usw.) erteilen neben den örtlichen Verkehrsvereinen:

a) in Vorarlberg: Landesverband für Tourismus, Römerstr. 7/I, A-6901 Bregenz, Tel. (0 55 74) 4 25 25; Tourismusverband Alpenregion Bludenz, Destinationsbüro A-6700 Bludenz, Rathausgasse 12, Tel. (0 55 52) 3 02 27; Tourismusverband Montafon, A-6780 Schruns, Montafonerstr. 21, Tel. (0 55 56) 7 22 53; Tourismusverband Oberland-Feldkirch, Herrengasse 12, A-6800 Feldkirch, Tel. (0 55 22) 7 34 67;

b) im Fürstentum Liechtenstein: Liechtensteinische Fremdenverkehrszentrale, FL-9490 Vaduz, Tel. (075) 2 32 14 43;

c) in Graubünden: Verkehrsverein Graubünden, Kantonales Verkehrsbüro, CH-7001 Chur, Postfach Chur, Alexanderstr. 24, Telefon (081) 2 54 24 24.

4. Bergrettungsdienst und Alpines Notsignal

In allen Ländern dieses Führers besteht ein Bergrettungsdienst, in Österreich in engster Zusammenarbeit mit der ebenfalls hervorragend geschulten Gendarmerie. Im Bedarfsfall kann die Bergrettung, Gendarmerie oder – wo nötig – die Rettungsflugwacht angefordert werden. Von den meisten Hütten und Höhenstationen besteht Telefon- oder Funkverbindung ins Tal.

Das „Alpine Notsignal“

Dieses Notsignal sollte jeder Bergsteiger im Kopf haben:

- Innerhalb einer Minute wird **sechsmal** in regelmäßigen Abständen, mit jeweils einer Minute Unterbrechung, ein hörbares (akustisches) Zeichen (Rufen, Pfeifen) oder ein sichtbares (optisches) Signal (Blinken mit Taschenlampe) abgegeben.

  Dies wird solange wiederholt, bis eine Antwort erfolgt.

- Die Rettungsmannschaft antwortet mit **dreimaliger** Zeichengebung in der Minute.

Die abgebildeten Alarmsignale im Gebirge wurden international eingeführt.

Um einen schnellen Rettungseinsatz zu ermöglichen, müssen die Angaben kurz und genau sein.

Man präge sich das „5-W-Schema" ein:

- **WAS** ist geschehen? (Art des Unfalls, Anzahl der Verletzten)
- **WANN** war das Unglück?
- **WO** passierte der Unfall, wo ist der Verletzte? (Karte, Führer)
- **WER** ist verletzt, wer macht die Meldung? (Personalien)
- **WETTER** im Unfallgebiet (Sichtweite)

Hubschrauberbergung

Der Einsatz von Rettungshubschraubern ist von den Sichtverhältnissen abhängig.

Für eine Landung ist zu beachten:

- Hindernisse im Radius von 100 m dürfen nicht vorhanden sein.
- Es ist eine horizontale Fläche von etwa 30 x 30 m erforderlich. Mulden sind für eine Landung ungeeignet.
- Gegenstände, die durch den Luftwirbel des anfliegenden Hubschraubers umherfliegen können, sind vom Landeplatz zu entfernen.
- Der anfliegende Hubschrauber wird mit dem Rücken zum Wind von einer Person in „Yes-Stellung" eingewiesen.
- Dem gelandeten Hubschrauber darf man sich nur von vorne und erst auf Zeichen des Piloten nähern.

5. Ausrüstung

Alle Bergfahrten und die meisten Wanderungen spielen sich in Höhenlagen zwischen 1600 m und 3000 m ab, einer Höhenzone, in der es auch im Hochsommer, besonders bei Gewittern, zu heftigen Wetterstürzen, Hagel oder Schneefall mit starker Abkühlung kommen kann.

INTERNATIONALE ALARMSIGNALE IM GEBIRGE
SEGNALI INTERNAZIONALI D'ALLARME IN MONTAGNA
SIGNAUX INTERNATIONAUX D'ALARME EN MONTAGNE
SENALES INTERNACIONALES DE ALARMA EN MONTANA

JA
OUI
SI

Rote Rakete oder Feuer
Razzo rosso o luce rossa
Fusée ou feu rouge
Cohete de luz roja

Rotes quadratisches Tuch
Quadrato di tessuto rosso
Carré de tissu rouge
Cuadro de tejido rojo

WIR BITTEN UM HILFE
OCCORRE SOCCORSO
NOUS DEMANDONS DE L'AIDE
PEDIMOS AYUDA

NEIN
NON
NO

WIR BRAUCHEN NICHTS
NON ABBIAMO BISOGNO DI NIENTE
NOUS N'AVONS BESOIN DE RIEN
NO NECESITAMOS NADA

Es ist daher auch im Hochsommer erforderlich, sich für Hochtouren mit entsprechender wetterfester Kleidung und Ausrüstung auszustatten: Regen- und Kälteschutz, Bergschuhe mit Profilsohle, Pullover, Anorak, Kopfbedeckung sind unentbehrlich. Auch eine Alufolie und Not-Verbandszeug gehören zur Minimalausrüstung. Bei Mitnahme von Kindern ist für ausgesetzte Stellen eine Sicherung (einige Meter Reepschnur) vorzusehen. In allen Ausrüstungsfragen erteilen die Sportgeschäfte gerne Ratschläge.

6. Zum Gebrauch des Führers

a) Zweck des Führers. Der „Gebietsführer Rätikon" ist für Bergwanderer bestimmt. Während der „Alpenvereinsführer Rätikon" sämtliche Gipfel und Anstiege – auch schwierigste – enthält, ist es Zweck dieses vorliegenden Führers, eine beschränkte Auswahl der schönsten Bergwanderungen und Gipfeltouren zu beschreiben. Die Auswahl der Touren soll durch möglichst viele Bilder mit eingezeichneten Wegen und Routen anschaulich gemacht werden. Bei der Wahl der Bilder wurde darauf Bedacht genommen, dem Leser möglichst großräumige Übersichten und Ausblicke zu bieten.

b) Aufbau und Gliederung. Bitte machen Sie sich – zur Erleichterung Ihrer Orientierung – mit dem Aufbau und der Gliederung dieses Führers vertraut:
I = Einführung; Anordnung der Teile II–III: In Österreich von W nach O, in Liechtenstein von N nach S, in der Schweiz von W nach O.
II = Ausgangsorte, Tourengebiete und Übergänge. III = Höhenwege im Rätikon.

c) Randzahlen. Die Beschreibungen sind mit Randzahlen (**R**) durchlaufend numeriert. Querverweise beziehen sich nur auf diese Randzahlen und nicht auf die Seitenzahl. Für spätere Ergänzungen wurden Randzahlen freigehalten, ohne daß dies an der betreffenden Stelle ausdrücklich vermerkt wäre.
Den *Anstiegsbeschreibungen* ist ein sog. „Beschreibungskopf" vorangestellt, der in Kurzform wichtige Informationen über Schwierigkeit und Charakteristik der Route, evtl. Farbmarkierungen sowie den durchschnittlichen Zeitbedarf beinhaltet.

Register. Das alphabetische Register ist der Schlüssel zum Gebrauch des Führers. Jeder wichtige Name, Ort oder Gipfel, jede Hütte und jedes Joch ist mit der zugehörigen Randzahl in alphabetischer Reihenfolge geordnet und stets dort am raschesten aufzufinden. Mit seiner Hilfe findet so der Ortsunkundige sofort die Beschreibung des gesuchten Zieles.

e) Zeitangaben. Die Anstiegs- und Marschzeiten sind normale, mittlere, reine Gehzeiten, also ohne größere Aufenthalte. Wo keine Abstiegszeit angegeben ist, kann diese im Durchschnitt mit zwei Dritteln der Aufstiegszeit eingeschätzt werden.

f) Richtungsangaben sind in der Marschrichtung zu verstehen, d. h. in Blickrichtung auf das Wanderziel, den Berg usw. Zur Verdeutlichung ist häufig die Himmelsrichtung (O, W, NO, SW usw.) angeführt. Die Mitnahme eines Kompaß wird daher empfohlen.

g) Ortsnamen und Höhenzahlen sind den amtlichen Karten entnommen; in Österreich der Amtlichen Österreichischen Karte 1 : 50 000, in der Schweiz und im Fürstentum Liechtenstein der Landeskarte der Schweiz 1 : 25 000 und 1 : 50 000.

h) Bilder. Die Fotos bilden die wichtigste Ergänzung des Textes. Es wird daher empfohlen, den Bildhinweisen zur Orientierung zu folgen. **Die Zeichen auf den Bildern** bedeuten: ___ = Fahrwege; --- = Fußwege, Wanderwege und Routen, z. B. im Felsgelände; .... = verdeckter Verlauf von Wegen usw.

i) Kartenbeilage. In der beiliegenden mehrfarbigen Karte sind die üblichen Wanderwege eingetragen worden. Keine Gewähr für Vollständigkeit und Richtigkeit der Wegmarkierungen!
Wir empfehlen das Studium von Text, Bildern und Karte für eine geplante Tour vor Antritt der Wanderung, am besten am Vorabend. So erspart man sich Irrgänge und Ärger und gewinnt Zeit.

k) Abkürzungen

Allgemeine Abkürzungen

Abb. = Abbildung
Abzw. = Abzweigung
AV = Alpenverein
AV-Sekt. = Alpenvereinssektion
B. = Betten
bew. = bewirtschaftet
bez. = bezeichnet
Bez. = Bezeichnung
Bhf. = Bahnhof
ges. = gesamt
Ghs. = Gasthaus
insges. = insgesamt
km = Kilometer
L. = Lager
M. = Matratzenlager

m	=	Meter
Min.	=	Minuten
orogr.	=	orografisch (= in Fließrichtung des Gewässers)
P.	=	Punkt, Höhenangabe in der Landkarte
R	=	Randzahl
RHW	=	Rätikon-Höhenweg
S.	=	Seite
s.	=	siehe
Std.	=	Stunde(n)
Tel.	=	Telefon(nummer)
vgl.	=	vergleiche
Ww.	=	Wegweiser
u. U.	=	unter Umständen
zw.	=	zwischen

Abkürzungen von Himmelsrichtungen und deren Ableitungen

N	=	Norden
nördl.	=	nördlich (usw.)
nordw.	=	nordwärts, in nördlicher Richtung (usw.)
NW	=	Nordwesten (usw.)
O	=	Osten
S	=	Süden
W	=	Westen

l) Alpine Fachausdrücke

Alp, Alpe: Im alemannisch-walserischen (aber auch im romanischen!) Sprachraum Bezeichnung für Vieh-Hochweiden und deren Alphütten im Gebirge.
Aper, ausgeapert: Schneefrei, schneefrei geworden.
Furka (Furgga): Aus dem Rätoroman. übernommen. Wörtlich: Gabel; hier für Einsattelung, Sattel oder Joch.
Kar, Hochkar: Hochtalmulde, wannenförmige Hohlform in Bergflanken.
Ganda (alemannisch): Geröll- oder Blockhalde.
Kamin: Breiter, meist lotrechter Felsspalt, der den ganzen Kletterer aufnimmt.
Maisäß, Maiensäß: Im alemannisch-walserischen Alpenraum ein privates, nur zeitweise bewohntes kleines Berggut in Hochlage als Zwischenstufe zwischen dem Talhof und der Alpe.
Rätoromanisch: Vierte Landessprache der Schweiz. Zahlreiche Reste davon im Namensgut der – heute deutschsprachigen – Rätikontäler.

Schrofen: Leichtes, oft grasdurchsetztes Felsgelände.
Tobel: Enger, manchmal schluchtartiger Steilgraben in Bergflanken, z. B. Bachtobel, Lawinentobel usw.

m) Bewertung von Schwierigkeiten

Die Beschreibung von Routen (Anstiegen) im weglosen Berggelände des Hochgebirges verpflichtet zur Bewertung der Schwierigkeiten; es findet hier die UIAA-Skala Anwendung. Diese siebenstufige Skala und Bewertung ist für Geübte, d. h. für Bergsteiger mit alpiner Erfahrung bestimmt. Der Ungeübte hat dementsprechend strenger zu werten. Dem Führerzweck entsprechend kommen hier nur der I. und II. Schwierigkeitsgrad vor. Bei Schlechtwetter, Schneeauflage, gefrorenem oder vereistem Untergrund muß sich die Bewertung verschärfen.

UIAA-Skala

I = Geringe Schwierigkeiten
II = Mäßige Schwierigkeiten
III = Mittlere Schwierigkeiten
IV = Große Schwierigkeiten
V = Sehr große Schwierigkeiten
VI = Überaus große Schwierigkeiten
VII = Außergewöhnliche Schwierigkeiten

Im Text werden jedoch nur die römischen Ziffern verwendet und entweder am Beginn des Beschreibungskopfes oder als Klammerausdruck im Beschreibungstext.

n) Geldwechsel, Grenzübertritt

Geldwechsel fast in allen, auch höhergelegenen Talorten. Der vorübergehende touristische Grenzübertritt im Hochgebirge wird ohne Formalitäten geduldet. Für den Abstieg ins Tal des Nachbarlandes ist der Reisepaß bzw. Personalausweis erforderlich.

II. Ausgangsorte, Tourengebiete, Übergänge

Die Beschreibung der *Umfassungstäler* des Rätikon mit ihren Talorten, Ausgangspunkten und Standorten für Rätikon-Touren erfolgt in drei Abschnitten in der Reihenfolge Österreich (von W nach O), Fürstentum Liechtenstein (von N nach S) und Schweiz (von W nach O). Die *Höhenstationen, Schutzhütten* und *Berghäuser im Hochgebirge* werden zweckmäßig jeweils anschließend an ihre Talstationen beschrieben.

A. Im Vorarlberger Rätikon

● 1 Walgau

Walgau heißt die etwa 25 km lange Talschaft des Illflusses am N-Fuß des Rätikon von Feldkirch bis Bludenz. In den Walgau münden die Rätikontäler: Saminatal, Galina- und Gamptal, Gamperdonatal und Brandnertal. Eisenbahnlinie Feldkirch – Bludenz (– Arlberg) mit den Zwischenstationen der Rätikonseite Frastanz, Schlins und Nenzing. Bundesstraße 1 und Autobahn Feldkirch – Bludenz.

● 2 **Feldkirch,** 459 m

Schöne, mittelalterliche Alpenstadt. Bedeutender Verkehrsknotenpunkt, Halt aller Züge. Postautoverbindung nach Vaduz/Liechtenstein und nach Frastanz-Gurtis. Wichtige Talstation für den NW- und W-Rätikon. Hotels, Gasthöfe, Camping. Auskünfte: Tourismusbüro, Herrengasse 12, A-6800 Feldkirch, Tel. (0 55 22) 7 34 67.

● 3 **Frastanz,** 472 m

Bahnstation der Arlberglinie und an der Bundesstraße 1 Feldkirch – Bludenz. Talstation für Feldkircher Haus, Drei-Schwestern-Kette und Galinagruppe. Postauto Feldkirch – Frastanz – Gurtis. Mehrere Gasthöfe. Auskünfte und Zimmervermittlung: Gemeindeamt, A-6820 Frastanz, Tel. (0 55 22) 5 15 34 und Tourismusverein, Tel. 5 15 00. Bild 1.

● 4 **Amerlügen,** 768 m

Kleine Streusiedlung in schöner Lage über dem Saminatal-Ausgang. Straßenzufahrt von Frastanz 5 km. Ausgangspunkt für Saminatal (R 15), Feldkircher Haus und Drei-Schwestern-Kette. Gasthöfe, Privatquartiere. Auskünfte: Gemeindeamt A-6820 Frastanz, Tel. (0 55 22) 2 37 34. Bild 1.

Bild 1: Die Drei Schwestern *aus dem Walgau. Blickrichtung Südwest. Frastanz mit Zufahrtsstraße nach Amerlügen und Fußweg zum Feldkircher Haus (FH) auf dem Vorderälpele. Beginn und Ende des nördlichen Rätikon-Höhenweges.*
3 = Drei-Schwestern-Steig und Fürstensteig (Rätikon-Höhenweg; R 600) mit Zugang von der Gafadurahütte (GH; Lage jenseits des Sarojasattels SS). I = Variante über Garsellaalpe (GA); II = direkter Anstieg zu den Drei Schwestern (2). 1 = Garsellitürme. — Von Amerlügen aus führt ein Weg ins Saminatal (R 15). — In Frastanz zweigt die Zufahrtsstraße nach Gurtis ab.
Luftbild: Franz Thorbecke

● 5 Feldkircher Haus, 1204 m

Unterkunftshaus des TVN, Tel. (0 55 22) 7 79 79. In schöner, aussichtsreicher Lage am NO-Rand des Vorderälpeles (Bild 1). 15 B., 50 M., bew. von Mai bis Mitte Oktober. Materialseilbahn für Gepäcktransport. Ausgangspunkt zur großen Rätikon-Durchquerung (R 600 ff.).

Zugänge:

● 6 Von Amerlügen

1 – 1¼ Std.

Vom Kirchlein in Amerlügen auf dem „Reckholderaweg" zum Ghs. Alpenrose (mit Lebensmittelhandlung) und weiter zur Kreuzung (Wegweiser); etwa 50 m rechts oberhalb liegt das Ghs. Samina. Halblinks weiter 600 m auf der Zufahrt zur Station der Materialseilbahn (Gepäcktransport möglich). Letzte Parkmöglichkeit 200 m rechts (nördl.) der Station. Auf Fußweg durch lichten Wald in der O-Flanke des Vorderälpeles hinauf zum Feldkircher Haus.

● 7 Von der Gafadurahütte

1¼ – 1½ Std. Siehe R 307.

Übergänge:

● 8 Übergang zur Gafadurahütte

1½ – 2 Std. Bild 1.

Leicht ansteigend zum Hinterälpele, 1474 m, und weiter zum Sarojasattel, 1628 m. Jenseits westw. in Kehren hinab und oberhalb der Alpe Gafadura zur Hütte. (Kürzer: Direkte Wegverbindung Hinterälpele – Gafadurahütte.)

● 9 Vom Feldkircher Haus auf dem Drei-Schwestern-Steig und Fürstensteig nach Gaflei (– Silum)

4 – 5½ Std. Rätikon-Höhenweg siehe R. 600.

● 15 Saminatal

Das 17 km lange Tal – das längste der Rätikontäler – mündet bei Frastanz in die Ill. Romantische, wildeinsame Wegverbindung mit dem oberen liechtensteinischen Teil des Tales. Von Amerlügen bis Steg 4 – 5 Std. Von Amerlügen etwa 2 km bis zur Schranke. In 1¼ Std. zur Staatsgrenze am „Falleck". Auf markiertem Pfad weiter nach Steg.

● 16 **Gurtis-Bazora,** 900 – 1000 m

Sommer- und Winterferiendorf südl. oberhalb Frastanz. Standort für Galinagruppe und Gampalpe sowie Saminatal. Straßenzufahrt von Frastanz (5,5 km) und Nenzing (6,5 km). Postauto von Feldkirch über Frastanz nach Gurtis. Gasthöfe, Privatquartiere. Auskünfte und Vermittlung: Verkehrsverein, A-6820 Gurtis, Tel. (0 55 22) 5 22 79 bzw. 5 15 89.

1. Tourengebiet von Gurtis-Bazora

● 17 **Gurtisspitze,** 1778 m
Lohnender Aussichtspunkt, bez. Weg und Steig.
2¼ – 2¾ Std. von Gurtis.

Vom Ghf. Gurtisspitze auf rot bez. Weg hinauf zum Lifthang des Bazora-Skilifts. Bei Wegteilung links und südl. empor zur Alpe Bazora, nach SO hinauf zu Wegteilung am Bergfuß, jetzt links und steil gerade empor in die Gipfelscharte und links zum Gipfel.

● 18 **Galinakopf,** 2198 m
Durchgehend bez. 4½ – 5 Std.

Wie bei R 26 zur Äußeren Gampalpe; weiter bei R 29 über innere Gampalpe und Guschgfieljoch.

● 25 **Berghaus Mattajoch,** 1562 m

Auf der Gampalpe gelegen. Privatbesitz. 8 B., 35 M., bew. von Juni bis Ende Oktober. Fam. Keßler, A-6710 Beschling 31, Tel. (0 55 25) 6 26 10 oder 6 35 86.

Zugänge:

● 26 **Von Gurtis**
Bez. Weg. 2½ Std.

Von Gurtis-Ortsmitte in den Galinatobel bis in den Tobelgrund. Ostseitig empor, am Murbruch vorbei, über die Weiden des Roßboden hinauf und zur Kapelle der Äußeren Gampalpe. Halblinks nach O wenig abwärts etwa 100 m zum Berghaus Mattajoch.

2. Tourengebiet der Gampalpe

● 27 **Von der Gampalpe über Mattajoch (Matlerjoch) nach Malbun**
2¾ – 3¼ Std.

a) Von der Äußeren Gampalpe links auf dem Alpweg 2 km sanft fallend

Bild 2: Die Liechtensteiner Rheintalflanke des Drei-Schwestern-Kammes. *Blickrichtung Ost.*
Der Drei-Schwestern-Steig (R 600/601) als Teilstück des Rätikon-Höhenweges verläuft vom Sarojasattel (1; mit Zugang von der Gafadurahütte GH) dem Kamm entlang über die Drei Schwestern (2), Garsellikopf (3) zum Kuhgrat (4) und setzt sich fort im Fürstensteig über Gafleispitz (5) zum Gafleisattel (6) nach Gaflei (G). Das ausgesetzte Teilstück des Fürstensteiges in der Westflanke des Alpspitz (7) läßt sich auf der Samina- (= Ost-) Seite umgehen. *Foto: G. Flaig*

südwestw. talein zur Alpe Innergamp (1503 m, 20–25 Min.). Nach etwa 600 m bei Wegteilung geradeaus, über einen Seitenbach und in 2 Kehren rechts hinauf zu Wegteilung (Ww; rechts zum Guschgfieljoch – Galinakopf). Auf dem Alpweg nach S weiter talauf, später linkshin

Bild 3: Die Rheintalflanke des Liechtensteiner Rätikon *vom Rappensteinsattel aus (Blickrichtung Nord) mit Triesenberg und den Höhenstationen und (am Rätikon-Höhenweg R 600/601 und R 602/603 gelegen) Silum und Gaflei.*
Die Umgehungsvariante zum ausgesetzten Stück des Fürstensteiges führt durch die Einsattelung zwischen Alpspitz (1) und Hehlawangspitz (2). 3 = Gafleispitz, 4 = Kuhgrat, 5 = Garsellikopf. Im Hintergrund der linken Bildhälfte die Schweizer Berge der Säntisgruppe: Kreuzberge und Hoher Kasten (8).
Foto: G. Flaig

zur Matleralp, 1659 m. Auf Steigspuren nach SSW über die Weiderücken empor zum Mattajoch (1868 m, 1¾ – 2 Std. von Gamp). Vom Hügel im NW oberhalb des Jochs Ausblick auf die Ostschweizer (W) und Bündner Alpen (S).

Bild 4: Der Galinakopf, *2198 m, Grenzberg Liechtenstein — Österreich und hervorragende Aussichtswarte im Nordosträtikon, vom Sass-Fürkle aus. Blickrichtung Ostnordost.*
Der Anstieg führt vom Guschgfieljoch (GJ) durch die Südflanke. Zugänge: Von Gamp auf R 29, von Malbun auf R 350 über Mattajoch (MJ). Rechtes Anschlußbild: Bild 5 gegenüber. *Foto: G. Flaig*

b) (Bild 5) Gerade nach S hinab auf den breiten Alpweg und auf ihm über die Alpe Matta (1745 m) bequem zum Sass-Fürkle (1764 m, 35–45 Min.) und über Sass (1716 m) ins Malbuntal hinab (25–30 Min.).

c) Von Sass (1716 m) anstatt rechts auf dem Fahrweg, schöner links flach auf Fußweg über die Fluh direkt nach Malbun (35 Min.).

Bild 5: Der Scheienkopf *(Scheuenkopf), 2159 m, über den Alpböden der Mattaalpe, vom Sass-Fürkle aus. Blickrichtung: Nordost.*
1 = zum Guschgfieljoch und Galinakopf (R 347/350). 2 = zum Mattajoch (MJ) und nach Gamp; H und 4 = nach Malbun (R 27). 5 = durchs Valorsch nach Steg.
Foto: G. Flaig

● **28** **Gampberg,** 1711 m

Dankbarer, leicht zugänglicher Aussichtsberg am Walgaurand. ½–¾ Std.

Vom Berghaus Mattajoch auf der O-Seite des Gratrückens leicht auf die O-Schulter des Gampberges und nach W über den Grat zum höchsten Punkt. Aussicht bis zum Bodensee.

● 29 Galinakopf, 2198 m
Grenzgipfel Österreich – Liechtenstein mit schöner Rundsicht auf den NW-Rätikon. Von der Äußeren Gampalpe über Guschgfieljoch (Gamperhöhe) und die S-Flanke in 2¼–2½ Std. Die ganze Strecke ist bez.

Vom Berghaus Mattajoch wie bei R 27 zur Wegteilung im hinteren Innergamp, 35–45 Min. Rechts (W) auf Steigspuren hinauf zum Guschgfieljoch (Gamperhöhe, 1849 m, 45 Min.). Durch den Grenzzaun und rechts (N) auf Fußweg durch Legföhren in die S-Flanke (Bild 4) und auf Steigspuren zum Gipfel. ¾–1 Std.

● 30 Gampgrat

Für Bergkundige lohnend ist eine Besteigung der Gipfel dieses schrofigen Grates zwischen Gamp- und Gamperdonatal.

● 31 Scheienkopf, 2159 m
Über die SO-Flanke ohne Schwierigkeiten. 3½–3¾ Std.

Wie bei R 27 zum Mattajoch; jenseits (Bild 5) schräg links nach S hinab, durch Legföhren zum „Roßboden" hinauf und durch die mittlere, durchgehende Latschengasse empor auf das Gipfeldach und den Gipfel des Scheienkopf-Grenzecks (2149 m).

● 32 Innerer Älpelekopf, 2122 m, **Äußerer Älpelekopf,** 2063 m
2¼–2¾ Std.

Den Inneren und den Äußeren Älpelekopf ersteigt man mit Zugang über die Innere Gampalpe (R 27). Übergang vom Inneren über den Äußeren Älpelekopf (Steigspuren) zum Jochgratsattel und Abstieg ins Gamp. Als Rundtour 5–6 Std.

● 40 Nenzing, 527 m

Bahnstation der Arlberglinie und an der Bundesstraße 1 und Autobahn Feldkirch – Bludenz. Talstation für das Gamperdonatal mit Nenzinger Himmel (R 42). Ausgangspunkt auch für Gurtis und Gamp. Mehrere Gasthöfe. Auskünfte und Zimmervermittlung: Gemeindeamt, A-6710 Nenzing, Tel. (0 55 25) 6 22 15. Alpencamping Nenzing, Fam. Morik, Garfrenga, ca. 2 km oberhalb des Ortes, Tel. 6 24 91.
Die Falscherinahütte auf der Falscherinaalpe (1662 m) ist fallweise, vor allem an Wochenenden, bew., 17 Touristenlager. Zugang: Von Nenzing über Stellfeder auf dem Nenzingerbergweg, 2½–3 Std. Übergänge: Übers Garsellijoch nach Bürserberg und Brand.

Bild 6: Der Sommerferien- und Wintersportplatz Malbun, *1600 m, vom Schönberg. Blickrichtung Südsüdost.*
Mit Sesselbahn bzw. Weg (1 = R 604/605; Rätikon-Höhenweg) Malbun — Sareiser Joch (— Nenzinger Himmel). 2 = Aufstieg R 353 über Spitz (3) zum Augstenberg (4, 2359 m). 5 = Übergang R 352 über Pradamé — Vaduzer Täle — Tälehöhle zur Pfälzer Hütte. 6 = Aufstieg R 349 von Malbun über Sass-Fürkle (links vom Bildrand) zum Schönberg. 7 = Panüeler Schafberg. 8 = Lage des Salarueljochs. 9 = Hornspitze. 10 = Große Furka. 11 = Tschingel. 12 = Lage des Bettlerjochs mit der Pfälzer Hütte. 13 = Naafkopf. *Foto: G. Flaig*

Bild 7: Das Obere Saminatal *(Fürstentum Liechtenstein) vom Rappensteinsattel aus. Blickrichtung Ostsüdost.*
1701 = Gapfahlalpe. Im Kreis die Pfälzer Hütte am Bettlerjoch, 2108 m, mit Zugang von Steg (R 361) über Alpe Gritsch, 1897 m. 1863 = Gritschner Naaf (R 362). 1 = Augstenberg. 2 = Panüeler Kopf. 3 = Salaruelkopf. 4 = Schesaplana. 5 = Panüeler Schafberg. 6 = Hornspitze. 7 = Naafkopf. *Foto: G. Flaig*

● 41 Gamperdonatal

Das 13 km lange Tal, im Mittel- und Unterlauf eine gewaltige Schlucht, mündet mit dem Mengbach bei Nenzing in die Ill. Fahrweg von Nenzing in den Nenzinger Himmel (Fahrverbot), Privater Kleinbusverkehr s. R. 43 a.

● 42 Nenzinger Himmel, 1370 m

Bild 10. Sommerdorf mit Alpe Gamperdona im eindrucksvollen Talschluß des Gamperdonatals. Sommerfrische und Tourenstandort. Gasthöfe, zahlreiche private Ferienhäuschen. Sprechfunkverbindung mit Gemeinde Nenzing. Postamt Nenzing. Post-Hilfsstelle, Lebensmittelgeschäft, Touristenproviant von Juni bis Oktober.
Alpengasthof Gamperdona. 30 B und 12 TL. Privatbesitz, bew. von Juni – Oktober. Tel. (0 55 25) 6 32 00.
Unterkunftshaus Schesaplana. 17 B. Privatbesitz. Bew. von Juni – September.

● 43 Zugang zum Nenzinger Himmel

a) Im Sommer Jeepverkehr mit Personentransport (mehrere Unternehmer). Abfahrt Nenzing 8.00 h und 14.00 h, Rückfahrt ab Nenzinger Himmel 11.00 h und 16.00 h (Zeitangaben unverbindlich; Auskünfte beim Gemeindeamt, Tel. (0 55 25) 6 22 15.
b) Zu Fuß: Von Nenzing durch das Gamperdonatal. Ca. 13 km, 4–5 Std. Von der Ortsmitte (unweit Postamt) über Betonbrücke auf das O-Ufer des Mengbaches und ihm entlang zur nächsten Betonbrücke. Links ab 30 Schritte zur Straßenkreuzung; nun rechts 40 Schritte zur zweiten Gabelung (Wegtafeln); wieder rechts und am Hang empor in Kehren, meist durch Wald, in 30–45 Min. zur Kapelle Stellfelder am Eingang ins Gamperdonatal. Zuerst ostseitig in 1¼ Std. zur Kühbruck, dann westufrig über die Alpe Fals (¾–1 Std.) zur Schafbruck (15–20 Min.) und schließlich wieder auf dem O-Ufer über Alpe Gamperdona in einer weiteren Stunde zu den Hütten des Nenzinger Himmels.

3. Tourengebiet des Nenzinger Himmel

Alle Übergänge vom Nenzinger Himmel aus sind vom „Wegkreuz“ zwischen den Gasthöfen aus beschrieben (Bild 10).

● 44 Vom Nenzinger Himmel nach Malbun, 1600 m, **über das Sareiser Joch,** 2000 m
Teil des Rätikon-Höhenweges, R 605, 2½–3 Std.

● 45 Vom Nenzinger Himmel zur Pfälzer Hütte
2–2½ Std. Siehe R 364.

● 46 Vom Nenzinger Himmel zur Schesaplanahütte über das Salarueljoch (Kleine Furka)

Bild 8: Der Talschluß des Gamperdonatals *(Nenzinger Himmel) vom Amatschonjoch aus. Blickrichtung Südwest.*
1 = Wegverbindung Nenzinger Himmel — Sareiser Joch (— Malbun) = Rätikon-Höhenweg, R 604/605. 2 = Wegverbindung Nenzinger Himmel — Amatschonjoch (— Brand) = Rätikon-Höhenweg, R 606/607. 3 = Zugang R 364 vom Nenzinger Himmel zur Pfälzer Hütte (PH: im Kreis). AG = Alpe Güfel. 4 = Übergang R 373 bzw. 115 (Liechtensteiner Höhenweg) von der Pfälzer Hütte über Große Furka und Salarueljoch zur Mannheimer Hütte; Übergang R 374 zur Schesaplanahütte. 5 = Steiganlage von der Pfälzer Hütte zum Naafkopf, R 367. 6 = OSO-Grad des Naafkopf, R 437. 7 = Hornspitze. 8 = Tschingel, BJ = Barthümeljoch, ZH = Zollwachhütte. AP = Alpe Panüel. 9 = Naafkopf. 10 = Grauspitzen. 11 = Falknis. 12 = Gorfion. Rechtes Anschlußbild: Bild Nr. 9 gegenüber. *Foto: G. Flaig*

3½–4 Std. Zugleich kürzeste Wegverbindung zum Liechtensteiner Höhenweg Pfälzer Hütte – Mannheimer Hütte sowie auch Querverbindung vom nördl. zum südl. Rätikon-Höhenweg.

Bild 9: Das obere Gamperdonatal *vom Amatschonjoch aus. Blickrichtung Westsüdwest. Anschluß von Bild 8 auf der linken Seite.*
1 = Wegverbindung Nenzinger Himmel — Sareiser Joch (— Malbun) = Rätikon-Höhenweg, R 604/605. 2 = Augstenberg, 3 = R 353/368, SJ = Sareiser Joch, 4 = Lage der Bergstation der Doppelsesselbahn (jenseits) Malbun — Sareiser Joch. *Foto: G. Flaig*

Vom Wegkreuz zwischen den Gasthöfen (Bild 10) nach O ins Sommerdorf und südostw. empor. Nach ca. 45 Min. (Wegtafeln) unterhalb des Hirschseeleins Abzweigung nach rechts. Nach wenigen Min. Wegteilung auf der nächsten Talstufe (links ostw. zum nahen Hirschseeli, rechts Panüelweg zur Alpe Panüel). Geradeaus nach S weiter auf das Joch zu über Weiden und Geröll auf Steilstufe und durch das schutterfüllte Hochtal in 1½–1¾ Std. hinauf zum Salarueljoch (2243 m). (Jenseits südl. kreuzt der Weg den Liechtensteiner Höhenweg.) Zur Schesaplanahütte vom Joch südw. hinab (Bild 31) auf den Weg, der von der Großen

Furka kommend nach links (O) unter den S-Wänden des Schesaplanastockes über die Alpe Fasons zur Schesaplanahütte führt ($^3/_4$ Std.).

● **47** **Vom Nenzinger Himmel zur Oberzalimhütte** (und nach Brand) **auf dem Spusagang über die Spusagangscharte** AV-Steig, nur für trittsichere Geher. 3 – $3^1/_2$ Std., nach Brand $1^3/_4$ Std. mehr. Bild 10.

Wie bei R 46 in ca. 45 Min. zu Wegteilung unterhalb des Hirschsees. Links weiter aufwärts, bei weiterer Wegteilung links, zuletzt über Geröll hinauf ins Schuttkar. In vielen kurzen, steilen Kehren gerade (O) hinauf bis unter die Felswand, links am Oberrand des Schuttbandes auf eine Schulter. Rechts steil in ca. 20 – 25 Min. zu Wegteilung (Abzw. des Straußsteiges nach rechts). Zur Spusagangscharte (ca. 2250 m; südl. des Oberzalimkopfes) 100 Schritte weiter links nördl. hinüber. Abstieg nach O: Aus der Scharte auf dem Zalimsteig in kurzen Kehren steil hinab, durch das Tälchen unter den Panüeler-N-Abstürzen hinaus auf den Alpweg und auf ihm in wenigen Min. zur Oberzalimhütte hinab. Abstieg nach Brand auf Fahrweg in $1^3/_4$ – 2 Std.

● **48** **Vom Nenzinger Himmel über den Spusagang und auf dem Straußsteig zur Mannheimer Hütte**
Sehr ausgesetzt! Ungeübte werden gewarnt! $4^1/_2$ – 5 Std.

Wie bei R 47 (Bild 10) auf dem Spusagang bis zum Einstieg des Straußsteiges und weiter auf diesem (R 107) zum Brandner Gletscher und zur Mannheimer Hütte.

● **49** **Nenzinger Himmel über das Amatschonjoch nach Brand**
Bester Übergang ins Brandnertal. 4 bzw. 5 Std.
Rätikon-Höhenweg s. R 606.

● **50** **Augstenberg,** 2359 m
Am lohnendsten als Rundtour mit Überschreitung des Gipfels von N nach S oder umgekehrt. Bild 8 und 9.

a) Über das Sareiserjoch, $3^1/_4$ – $3^3/_4$ Std. Wie bei R 605 zum Sareiserjoch und weiter wie bei R 353 b zum Augstenberg.
b) Über das Bettlerjoch (Pfälzer Hütte), $3^1/_2$ – 4 Std. Wie bei R 364 zur Pfälzer Hütte und weiter wie bei R 368. Der Gipfel ist vom Weg zur Pfälzer Hütte aus auch direkt über die Alpe Stafeldona und das Hochtälchen Güfel zugänglich.

Bild 10: Der Nenzinger Himmel *im Gamperdonatal, vom Aufstieg Nenzinger Himmel — Sareiser Joch (R 604/605) aus. Blickrichtung Südost.*
1 = Wegkreuz. 2 = zur Pfälzer Hütte, R 364. 3 = Zugang (Panüelweg) zu 4 und 5. 4 = Spusagang (R 47 zur Oberzalimhütte). 5 = Übergang R 46 über Salaruel-joch zur Schesaplanahütte. 6 = Übergang Panüelalpe — Lippa-Älple-Weg — Große Furka. 7 = Stellihaldakopf (Oberzalimkopf), 2340 m. 8 = Spusagang-scharte (Oberzalimjoch). 9 = Straußsteig. 10 = Brandner Wildberg. 11 = Lage der Mannheimer Hütte. 12 = Panüeler Kopf, 2859 m. *Foto: Roman Dünser*

● 51 **Naafkopf,** 2570 m
Beliebter, auf Steiganlage leicht zugänglicher Aussichtsgipfel im westl. Rätikon-Hauptkamm. 3¼–3½ Std. Bild 6.

Wie bei R 364 zur Pfälzer Hütte und weiter wie R 367 zum Gipfel.

● 52 **Fundelkopf,** 2401 m
3¼–3¾ Std.

Wie bei R 606 a zum Amatschonjoch und weiter wie R 88 auf den Gipfel.

● 60 **Bludenz,** 576 m

Alpenstadt und Mittelpunkt des Vorarlberger Oberlandes in idealer Verkehrslage („Fünftälerstern") am Ausgang des Brandnertals und Montafon. Schnellzugstation der Arlberg-W-Rampe, an der Bundesstraße 1 und (Rheintal-)Walgau-Autobahn. Sitz der Sektion Vorarlberg des ÖAV (Alpine Auskunftstelle, Untersteinstr. 5, Tel. 0 55 52/6 26 39). Postautolinie ins Brandnertal, Montafon usw. Ausgangspunkt für die Gruppen des nördl. Zentralrätikon. Hotels, Gasthöfe und Privatquartiere, Campingplätze. Seilbahn Muttersberg, auf 1384 m; geheiztes Schwimmbad, Hallenbad. Auskünfte und Zimmernachweis durch Tourismusbüro der Stadt A-6700 Bludenz im Rathaus, Tel. (0 55 52) 6 21 70.

● 61 **Brandnertal**

Das 9,2 km lange Tal des Alvier mit dem Hochgebirgsdorf Brand ist eines der berühmtesten Hochgebirgstäler der Ostalpen mit dem großartigen Talschluß des Schesaplanamassivs (Bild 12). Im äußeren Tal auf der W-Seite liegt der Ort Bürserberg. Am Talausgang die sehenswerte Bürser Schlucht. Verkehrswege siehe unter Brand, R 80.

● 65 **Bürs,** 570 m

Im Talkessel von Bludenz, am Ausgang des Brandnertals, an der Straße und Postautolinie Bludenz – Brand (– Schattenlagant). Romantischer Weg durch die Bürser Schlucht. Gasthöfe, Privatquartiere, Camping. Auskünfte und Zimmernachweis durch das Tourismusbüro A-6700 Bürs, Dorfplatz 4, Tel. (0 55 52) 6 26 17.

Geologischer Wanderweg durch die Bürser Schlucht. Übersichtstafel beim Wegbeginn am Agrargebäude „Im Lug" Nr. 10 am Eingang zur Bürser Schlucht, 200 m vom Gemeindeamt. Rundwanderweg mit Aufstieg durch die Bürser Schlucht nach Bürserberg, Abstieg über „Kuhloch" – Spial zurück nach Bürs, ca. 2½ Std.

● 66 **Bürserberg-Tschengla,** 800 – 1200 m

Beliebter Sommerferienort und Wintersportplatz. Doppelsesselbahn („Einhornbahn") Bürserberg – Einhornboden, 904 – 1200 m, nur Winterbetrieb), mehrere Skilifte. An der Straße und Postautolinie Bludenz – Brand (– Schattenlagant). Standort für die Schesaplana-, Zimba- und Fundelkopfgruppe. Gasthöfe, Pensionen und Privatquartiere. Die Hochstufe von Tschengla-Dunza mit mehreren Gasthöfen und dem AV-Schwabenhaus ist ein günstiger Ferien- und Touristenstandort in schönster Aussichtslage. Autozufahrt, Linienbus. Zimmervermittlung durch Tourismusbüro A-6700 Bürserberg, Tel. (0 55 52) 6 33 17.

4. Tourengebiet von Bürserberg

● 67 **Zur Sarotlahütte,** 1611 m

2¾ – 3¼ Std. Siehe R 152.

● 68 **Von Bürserberg nach Brand über Parpfienzsattel – Parpfienzalpe**

Sehr beliebte Höhenwanderung in großartiger Landschaft. Von Bürserberg 4½ – 5 Std., von der Tschengla 4 – 4½ Std.

a) Von der Postautohaltestelle Bürserberg beim Hotel Taleu 100 m nach N in Richtung Kirche. Auf Fahrsträßchen zum „Einhornboden" (Liftstationen) und durch den Bachtobel zum Schwabenhaus (Autozufahrt bis unweit oberhalb; Parkplatz). In wenigen Min. zur Säge auf der Alpe Rona. Mehrere Ww.

b) Nach W empor auf Fußpfad (rot-weiß-rot markiert) über die Alpweiden. Nach ½ Std. (Wegtafel) nach links. Der „Alte-Statt-Weg" führt am Hang über den Ronatobel aufwärts und zum Parpfienzsattel, 1½ Std. Auf dem breiten Parpfienzweg zur Inneren Parpfienzalpe (40 Min.) (Bild 11) und a) (bequemer) in 20 Min. zur Bergstation der Niggenkopf-Sesselbahn und Talfahrt nach Brand; oder b) Abstieg auf rauhem Alpweg in 1¼ Std. über Mittelstation Eggen nach Brand.

● 69 **Von Bürserberg nach Nenzing über Furklaalpe – Garsellijoch,** 4½ – 5 Std.

Wie bei R 68 a zur Ronasäge. Auf dem Mondspitzweg (Bez.: Roter Punkt auf weißem Kreis) über die Furklaalpe zum Garsellijoch (1½ Std.) und weiter auf dem weiß-rot bez. Nenzingerbergweg über Falscherina nach Nenzing (s. auch R 40).

Kürzer, aber weniger aussichtsreich ist der „Blandedonweg", ca. 2 Std. Zurück mit Bahn bis Bludenz, weiter mit Postbus nach Bürserberg.

● **70** **Loischkopf,** 1809 m, **Taleu (Burtschakopf),** 1746 m
Leicht ersteigbare, bewaldete Gipfel zwischen Bürserberg und Brand. Autozufahrt bis Ronasäge, R 68 a. 2 Std.

Von der Ronasäge Güterweg zur Burtschaalpe (1 Std.). Von dort auf Güterweg (Abkürzungen) südw. hinauf zum Burtschasattel und leicht zum Gipfel des Taleu (lohnender), 1 Std. von der Alpe. Prächtiger Ausblick auf Brand und den Schesaplanastock (Bild 12). Der Loischkopf ist vom Burtschaalpweg aus (Abzw.: Parzelle „Burtscha") auf breitem Güterweg bequem zu erreichen.

● **71** **Mondspitze,** 1967 m
Nördl. Eckpfeiler der Fundelkopfgruppe mit prächtigen Tief- und Ausblicken. 3¼ Std.

Wie bei R 69 auf dem Mondspitzweg an den N-Fuß der Gipfelpyramide und auf Steiganlage in 50 Min. zum Gipfel. Besteigung der Mondspitze (Überschreitung) in Verbindung mit dem Schillerkopf s. auch R 72.

● **72** **Schillerkopf,** 2006 m
Ohne Schwierigkeit (Steiganlage), jedoch Trittsicherheit erforderlich. Von Bürserberg-Tschengla 2½–3 Std., von der Bergstation der Sesselbahn Brand – Niggenkopf 3–3½ Std. (bequemer).

a) Von Bürserberg: Wie bei R 68 a zur Ronasäge. Auf dem Schillerweg (weiß-rotes Dreieck) in 1¼ Std. zur Wegkreuzung östl. unterhalb der Schillermulde. Weiter bei c).
b) Von Brand: Wie bei R 85 über den Parpfienzsattel und auf dem breiten, bequemen Furkla-Höhenweg in ½ Std. zur Wegkreuzung östl. unterhalb der Schillermulde.
c) Nach W in die Schillermulde und hinauf in den Schillersattel, 1847 m, zwischen Schillerkopf (im S) und Mondspitze. (Von hier auch leichter Zugang zur Mondspitze über deren SW-Grat.) Jenseits, auf der W-(Gamperdona-) Seite des Schillerkopfes, ist ein mächtiger, tiefer Einbruchstrichter. Eine Steiganlage führt südwestw. hinab und umschleift den sehenswerten Krater westl. auf seinem Rand. Nach 10 Min. Abstieg wieder ansteigend in ½ Std. auf dem Steig zum Gipfel.

● **80** **Brand,** 1037 m

Brand liegt im Herzen des Rätikon, unmittelbar am Fuß seiner höchsten Erhebung, der Schesaplana. Bild 11, 12. Moderner Sommerferienort

Bild 11: Brand, *1037 m, Sommerferien- und Wintersportplatz. Blickrichtung Südwest.*
1 = Schattenlagantstraße und -weg (Rätikon-Höhenweg, R 608/609). 2 = Zalimtal, Zugang R 96 zur Oberzalimhütte (3). 4 = Leibersteig zur Mannheimer (früher Straßburger) Hütte (5), R 106. 6 = Spusagang, R 99. 7 = Straußsteig, R 107. 8 = Übergang von Brand über das Amatschonjoch (AJ) in den Nenzinger Himmel (Rätikon-Höhenweg, R 606/607). 9 = Sesselbahn Brand — Eggen — Niggenkopf (R 83). P = Lage des Berghaus Palüd (R 81) und Berghof Melkboden (R 82). 10 = Parpfienzweg, R 85. 12 = Wildberg. 13 = Panüeler Kopf. 14 = Hornspitze. 15 = Oberzalimkopf (Stellihaldakopf). 16 = Naafkopf. 17 = Blankuskopf. 18 = Windeggerspitze. 19 = Fundelkopf. 20 = nach Bludenz.
Luftbild: Franz Thorbecke

und Wintersportplatz in landschaftlich großartiger Lage und Umgebung, mit zahlreichen Einrichtungen des Fremdenverkehrs. Über 2000 Fremdenbetten, zahlreiche Hotels, Gaststätten, Ferienwohnungen und Privatquartiere. Postamt, Bank, Lebensmittel, Sportgeschäfte, Tennis, Golf, Reitstall usw. Bergschule „Alpin Live", Tel. (0 53 39) 5 95. Idealer Tourenstandort für den Mittleren Hochrätikon. Am Rätikon-Höhenweg gelegen. Auskunft und Zimmernachweis: Brand Tourismus, A-6708 Brand, Tel. (0 55 59) 5 55. Postautolinie Bludenz – Bürs – Bürserberg – Brand, 11 km (– im Sommer bis Lünersee-Bahn-Talstation, von Brand 6,5 km).

● **81** **Alpengasthof Palüdhütte,** 1660 m

Auf dem gegen Brand vorgeschobenen, bewaldeten Bergrücken hoch westl. über dem Ort (Bild 11) gelegen. 20–25 Min. von der Bergstation der Niggenkopf-Sesselbahn. Privatbesitz. 15 B., bew. von Juni bis Ende September. Tel. (0 55 59) 3 90, privat 507. Zugang: Siehe auch R 607 (Rätikon-Höhenweg).

● **82** **Berghof Melkboden,** 1600 m

Bergrestaurant (keine Unterkunft) neben der Talstation des Palüd-Skilifts und unweit unterhalb der Bergstation der Palüdbahn. Bew. von Juni bis Anf. (– Mitte) Oktober. Am Palüdweg gelegen (Bild 11). 35–40 Min. von der Bergstation der Niggenkopf-Sesselbahn. Privatbesitz. Tel. (0 55 59) 298, privat 491. Zugang siehe auch R 607 (Rätikon-Höhenweg).

5. Tourengebiet von Brand

● **83** **Sesselbahn Brand – Eggen – Niggenkopf**

600 m Höhenunterschied, zweimal 6 Min. Fahrzeit, zu Fuß 1½–2 Std. Talstation in Brand, Bergstation Niggenkopf, 1600 m, mit Terrassenrestaurant. Bild 11.

● **84** **Lünersee-Bahn und Lünersee**
Siehe R 121, 122.

● **85** **Brand – Niggenkopf – Parpfienzsattel – Bürserberg**
Sehr lohnende Wanderung. Vom Niggenkopf 3¼ Std.

Von Brand mit Sesselbahn zur Bergstation Niggenkopf s. Bild 11 (vom Berghof Melkboden in 35–40 Min., von der Palüdhütte in 20–25 Min. hierher). Auf dem Parpfienzweg über die innere Parpfienzalpe (15 Min.)

zum Parpfienzsattel (45 Min.). Jenseits nach 5 Min. Wegteilung (Tafel): Rechts auf dem „Alte-Statt-Weg“ in 1¼ Std. zur Ronasäge hinab, nach Bürserberg 1 Stunde länger.

● **86** **Von Brand – Niggenkopf über das Amatschonjoch in den Nenzinger Himmel**
Rätikon-Höhenweg, 3½ Std. Siehe auch R 607.

● **87** **Schesaplana,** 2965 m
Höchster Rätikon-Gipfel (Bild 12). Von Brand 6 Std. Aufstiege s. R 131 (von der Douglasshütte) und R 111 (von der Mannheimer Hütte). Klassisch die Überschreitung Leibersteig – Lünersee.

Die Rundsicht von der Schesaplana ist überragend. Wir beginnen mit dem Glanzstück im O (Bild 18): Tief drunten der Lünersee, darüber hintereinander: Rätikon, Ferwall (Silvretta), Ötztaler Alpen, vom NO herüber bis an die mächtigen Kalkmassive der Drusenfluh- und Sulzfluhgruppe, deren S-Wände schräg einzusehen sind. Über der Sulzfluh das Fluchthorn, dreizackig; von ihm rechts herüber bis zum SO die ganze Silvretta bis zum Piz Linard (Pyramide), davor her der SO-Rätikon bis zur hellen Rätschenfluh. Zwischen Linard rechts und Verstanklahorn links schaut der Ortler herüber. Es folgt rechts die tiefe Senke des oberenPrättigaus, über der sich Silvretta und Albula berühren. Die lange Albulagruppe beherrscht den S und ist beinahe genau im S (etwas links davon) von der leuchtenden Bernina überragt, während das Plessurgebirge ihnen vorlagert. Im SW liegt das Prättigau und das Dorf Seewis, darüber das Rheintal mit Chur in der linken Ecke. Darüber die Adula; rechts neben dem Rheintal der Calanda und über seinem Gipfel – bei klarem Wetter – der Monte Rosa. Rechts anschließend die anderen Walliser Gipfel bis zum Dom. Dann die Glarner Alpen mit Ringelspitz und dem langen Kamm der Grauen Hörner sowie Piz Sol. Links darüber der Tödi und links hinter diesem die Berner Alpen (Finsteraarhorn). Links von der W-Richtung steht am Horizont der breite Glärnisch, im Vordergrund die ganze Falknisgruppe, links vom steilen Gleckhorn begrenzt. Dann fallen die fernen Gebirge im W zur tiefen Senke des Walensees ab. Rechts von dieser Senke die Churfirstengruppe. Gerade über dem Panüeler Kopf heben die Toggenburger und Appenzeller Alpen an, die sich zum Bodensee im N absenken und vor denen über Mannheimer Hütte und Wildberg der NW-Rätikon sich entwickelt. Genau im N Lindau am Bodensee. Drunten das Brandnertal, dahinter quer der Walgau und das Walsertal und darüber der Bregenzerwald, an den sich die Allgäuer Alpen

Bild 12: Brand, *1037 m, gegen Süden, mit Schesaplanagruppe.*
Im Kreis ○ die Douglasshütte am Lünersee mit Lünerseebahn, R 121 und 122. N = Niggenkopf mit Sesselbahn von Brand (B) über Eggen (E), R 83. P = Alpengasthof Palüdhütte, R 81. Z = Zalimtal, R 96. SCH = Schattenlagantweg Brand — Douglasshütte am Lünersee (Rätikon-Höhenweg, R 608/609). 1 = Brandner Mittagspitze. 2 = Kirchlispitzen (R 136). 3 = Gafall-(Cavell-)joch, R 138. 4 = Seekopf. 5 = Zirmakopf. 6 = Schesaplana (R 131 und 111) über den Brandner Gletscher. 7 = Wildberg. 8 = Mottakopf (R 89). 9 = Taleu (R 70). 10 = Klamperaalpe am Burtschasattel. *Luftbild: Franz Thorbecke*

anschließen. Genau im NO die Zimba, über ihr die Rote Wand (Klostertaler Gruppe), dann rechts die Lechtaler, die bei der Inntalsenke wieder an die Ferwallgruppe anschließen, davor das Silbertal und das Montafon.

● 88 Fundelkopf, 2401 m

I (stellenweise). Höchste Erhebung der gleichnamigen Gruppe, im N des Amatschonjochs, 1¼ Std. vom Joch.

Wie bei R 607 zum Amatschonjoch (2 Std.) und zunächst auf Pfadspuren, zuletzt in leichter Kletterei, den Gipfelaufbau links (westl.) umgehend, zum Gipfel.

● 89 Mottakopf, 2176 m

„Hausberg" der Brandner. Trittsicherheit erforderlich. 2 Std.

Von der Gletscherbachbrücke (Wegtafel) der Schattenlagantstraße über die Obere Sonnenlagantalpe und auf teilweise ausgesetzter Steiganlage zum Gipfel.

● 95 Oberzalimhütte, 1889 m

Eigentum der Sektion Mannheim des DAV. Auf der Oberen Zalimalpe, unter den N-Wänden des Schesaplana-Panüelermassivs (Lage s. Bild 11). Stützpunkt am Zugang von Brand zur Mannheimer Hütte – Schesaplana. Bew. von Anf. Juni bis Ende September. 3 B., 44 M., 15 L., Telefonverbindung mit der Mannheimer Hütte.

Zugänge:

● 96 Von Brand

Markierung: Blauer Punkt in weißem Kreis. Höhenunterschied 850 m. 2½–3 Std.

Vom Postautohalt Brand-Innertal (Parkplätze) auf dem Zalimweg (Markierungen, Wegtafeln; Fahrverbot) durch das landschaftlich großartige Zalimtal auf Fahrweg zur Hütte.

● 97 Vom Nenzinger Himmel

Über den Spusagang, s. R 47. 3–3½ Std.

6. Tourengebiet der Oberzalimhütte

Die Touren des Schesaplanastockes mit dem Gletscherplateau sind unter der Mannheimer Hütte (R 111 bis 116) beschrieben.

● **98** **Zur Mannheimer Hütte**
Höhenunterschied 800 m. 2–2½ Std. Auf dem Leibersteig s. R 106; auf dem Straußsteig s. R 107.

● **99** **In den Nenzinger Himmel über den Spusagang**
Nur für Geübte 2½–3 Std.

a) Von der Oberzalimhütte auf dem breiten Alpweg über die Obere Zalimalpe (wie zur Mannheimer Hütte) etwa 15–20 Min. hinauf, bis man das unter den Panüelerwänden in Richtung Spusagangscharte ziehende kleine Alptal übersieht. An seinem rechten Rand an den Fuß des Oberzalimkopfes, wo der Steig gut kenntlich links hinauf zum Fuß des steilen O-Hanges der Spusagang-Scharte führt. Im steilen Zickzack empor in die Scharte.
b) Jenseits westw. nach 100 Schritten Wegteilung (links steil empor der Straußsteig). Der Spusagangsteig führt rechts steil in Kehren über Schrofen und Schutt hinab ins Kar und – rechts am Hirschseelein vorbei – hinaus in den Nenzinger Himmel.

● **105** **Mannheimer (früher Straßburger) Hütte,** 2679 m

Eigentum der Sektion Mannheim des DAV. Höchstgelegene Hütte im Rätikon, am N-Rand des Brandner Gletschers und des mächtigen Schesaplana-Panüelermassivs. 34 B., 113 M., 45 L., bew. von Anfang Juli bis Ende September. Sprechfunkverbindung mit Brand, Mobiltelefon (06 63) 9 65 25 95.

Zugänge:

● **106** **Von Brand über Oberzalim und den Leibersteig**
In den Felsen eingesprengter, gesicherter AV-Steig; nur für Geübte und Trittsichere. Höhenunterschied 1680 m. Von Brand 5–5½ Std., von der Oberzalimhütte 2–2½ Std.

Von Brand wie bei R 96 zur Oberzalimhütte. Auf dem Alpweg zum Wandfuß der Panüeler-N-Abstürze (20 Min.). In Kehren über den begrünten Schuttkegel, nach 10 Min. Einstieg in die Felsen und meist ausgesetzt hinauf zum N-Rand des Gletscherplateaus, 1¼–1½ Std. Von dort links ostw. in 10 Min. zur Hütte.

● **107** **Über den Straußsteig**
Ungeübte werden vor der sehr ausgesetzten Steiganlage gewarnt. 5–5½ Std.

a) Von Brand: Wie bei R 96 zur Oberzalimhütte. Weiter wie bei R 99a zur Spusagangscharte. Einstieg 100 Schritte jenseits. Der Straußsteig

folgt dem N-Grat des Panüelerkopfes und erreicht nach ausgesetzter Querung den N-Rand des Schesaplanastockes. Nach O auf dem Plateaurand ab- und wieder aufsteigend zur Hütte.
b) Vom Nenzinger Himmel: Wie bei R 47 zum Beginn des Straußsteiges; weiter wie oben.

● 108 Von der Douglasshütte über die Schesaplana
1000 m Höhenunterschied aufw., 300 m abw., 4–4½ Std. Siehe R 131.

● 109 Von der Schesaplanahütte
Nur für Geübte. 900 m Höhenunterschied. 2¾–3½ Std.

Wie bei R 435 auf dem Schweizersteig in den Schesaplanasattel (2728 m), 2–2½ Std., und weiter in 35–40 Min. nach NNW über den Gletscher zur Hütte.

● 110 Von der Pfälzer Hütte auf dem Liechtensteiner Höhensteig
Nur für Geübte. 4½–5 Std. Siehe R 373.

7. Tourengebiet der Mannheimer Hütte

● 111 Überschreitung der Schesaplana, 2965 m
Überschreitung von W nach O mit Abstieg zur Douglasshütte. Zum Gipfel etwa 400 m Höhenunterschied, 1¼–1½ Std. Abstieg zur Douglasshütte am Lünersee 1¾–2 Std. Siehe auch R 87.

a) Von der Hütte nach SSO über den Gletscher und (Bild 17) hinauf zum Schesaplanasattel, 2728 m, am W-Fuß der Gipfelpyramide, 25–35 Min.
b) Auf Steigspuren über den festen, schiefrigen Schutt der SW-Flanke in ¾–1 Std. zum Gipfel.
c) Abstieg (Bild 14). Vom Gipfel wenige Min. auf dem S-Grat hinab und links (ostw.) in das muldenartige Hochkar. Steil über Felsen, Firn und Schutt hinab auf die oberste Stufe der Toten Alpe. Links nach O in Firnrinne und hinab zum Totalpsee (rechts südl. oberhalb auf der Felskuppe die Totalphütte). Auf Fußweg in Kehren hinab zum Lünersee und nach links in ¼ Std. zur Douglasshütte.
Umgehung des Schesaplana-Gipfelaufbaus auf dem „Südwandsteig“: s. R 132.

● 112 **Panüelerkopf,** 2859 m, **Salaruelkopf,** 2841 m
Prächtige Aussichtsgipfel am W-Rand des Schesaplanastockes. Von der Mannheimer Hütte über Firn und Schrofen für Geübte unschwierig zugänglich. ¾–1¼ Std.

● 113 **Schafköpfe,** 2783 m, 2792 m und 2806 m
Erhebungen am S-Rand des Gletscherdaches, mit großartigen Aus- und Tiefblicken. Von der Mannheimer Hütte 1–1¼ Std.

● 114 **Brandner Wildberg,** 2788 m
Dankbarer Aussichtspunkt. 20–25 Min.

Von der Mannheimer Hütte nach O und in leichter Kletterei zum Gipfel.

● 115 **Von der Mannheimer Hütte zur Pfälzer Hütte auf dem Liechtensteiner Höhensteig**
Landschaftlich großartig; weiß-rot-weiß bez.; zwischen Schaflochsattel und Kleiner Furka hochalpine Steiganlage nur für Geübte. 3½–4½ Std.

a) Von der Mannheimer Hütte zum Schaflochsattel (Bild 14: Von der Hütte aus im SW sichtbar), ½–¾ Std. Beginn des Steiges und der Markierung (Wegtafel). Durch die S-Wände des Salaruelkopfes zum „Schwarzen Sattel", 2662 m, östl. des Schafberges. In Kehren über Schutt hinab; bei Wegteilung rechts durch die Schafberg-S-Flanke (Bild 31) und hinab zum Salarueljoch (Kleine Furka).
b) Weiter auf gutem Wanderweg nach W zur Großen Furka, 2359 m. Nach W hinab, nördl. unter dem Barthümeljoch vorbei (Bild 8) und durch die NO-Flanke des Naafkopfes zur Pfälzer Hütte, 2108 m.

● 116 **Von der Mannheimer Hütte zur Schesaplanahütte auf dem Schweizersteig** durch die Südwand
Nur für Geübte. 2½–3 Std.

Wie bei R 111 zum Schesaplanasattel und südwestl. hinab zu Steinmann. Auf dem „Schwarzen Gang" fast 1 km horizontal nach W. In Zickzacks hinab und auf begrüntem Grat südwestwärts zur Hütte.

● 120 **Douglasshütte,** 1978 m

Eigentum der Sektion Vorarlberg des ÖAV. Am Lünersee gelegen. Die Hütte steht auf dem „Seebord", der natürlichen Felsschwelle, welche das Seebecken im N begrenzt. 75 B., 95 M. Bew. von Pfingsten bis Anfang Oktober. Tel. (0 55 59) 206. Winterraum mit 20 L. im O-Teil der Hütte (Staumauerseite) betreut vom Staumauerwärter; dort auch Unfallmeldestelle, wenn die Hütte geschlossen. In der Hütte befindet sich auch die Bergstation der Lünersee-Bahn.

● **121** **Lünersee-Bahn** der Illwerke AG

Talstation am Ende der Schattenlagantstraße von Brand in 1565 m. Die Bahn überwindet einen Höhenunterschied von 414 m in 4 Min. Fahrzeit (= 1¼ Std. Aufstieg). Betriebszeit von Pfingsten bis Anfang oder Mitte Oktober tägl. von 8.00 bis 16.45 Uhr. Tel. (0 55 56) 7 24 44. Bild 13.

● **122** **Lünersee,** 1970 m

Hinter dem Felsriegel des steilen Felsenbords, über dem Talabschluß von Schattenlagant, liegt das blaugrüne „Juwel des Rätikon“ in seiner Felsenschale. Der ehemals größte natürliche Hochalpensee der Ostalpen wurde im Jahr 1960 aufgestaut, der Seespiegel um 27 m auf 1970 m gehoben. Die größte Tiefe beträgt 140 m, der nutzbare Inhalt 76 Millionen cbm. Beliebtes Ausflugsziel; siehe auch R 120 (Douglasshütte). Bild 13, 14.

● **123** **Totalphütte,** 2380 m

Eigentum der Sektion Vorarlberg des ÖAV. Die Hütte liegt auf einer Schrofenkuppe südl. oberhalb des Totalpseeli (s. Bild 14). Interessante, ausgedehnte Karrenlandschaft mit Felsenflora. 60 M., 40 L., bew. von Mitte Juni bis Anfang Oktober. Mobiltelefon (06 63) 05 31 28; privat (0 55 59) 5 82. Nächste Unfallmeldestelle, wenn Hütte geschlossen: Staumauerwärter der Douglasshütte, s. R 120. Zugang: Von der Douglasshütte auf dem Schesaplanasteig, s. R 131. Tourengebiet und Übergänge sind unter der Douglasshütte beschrieben.
Übergang: Von der Totalphütte auf dem Gamsluggensteig (s. Bild 14) zum südl. Rätikon-Höhenweg hinab. Felsensteig, für Geübte unschwierig, im obersten Teil ausgesetzt.

● **124** **Schattenlaganthütte,** 1483 m

Die Hütte liegt an der Schattenlagantstraße und am Weg Brand – Lünersee. 10 B., 15 M. Postautohaltestelle. Bew. von Mai bis Ende September. Tel. (0 55 59) 4 25. Zugang und Wegverbindungen s. unter Douglasshütte, R 125 ff.

Zugänge:

● 125 Von Brand zur Douglasshütte und zum Lünersee
2¾–3¼ Std. Bild 12.

a) Schattenlagantstraße, von Brand 6,5 km bis zur Talstation der Lünerseebahn. Postautolinie Bludenz – Brand – Lünerseebahn-Talstation. Parkplätze. Auffahrt mit Lünersee-Bahn, s. R 121.
b) Zu Fuß von Brand auf dem Schattenlagantweg und über den „Bösen Tritt". 2¾–3¼ Std. (Rätikon-Höhenweg, s. R 608).

● 126 Von der Lindauer Hütte
Rätikon-Höhenweg, s. R 611. 3½–4¼ Std.

● 127 Schesaplanahütte
Siehe R 442. 3¾–4¼ Std.

● 128 Von der Heinrich-Hueter-Hütte
Siehe R 180. 2¼–2½ Std.

● 129 Von der Mannheimer Hütte
Siehe R 111. 3–3½ Std.

8. Tourengebiet der Douglasshütte

Der Glanzpunkt ist die Schesaplana. Die Berge und Jöcher der Lünersee-Umrahmung sind lohnende Ziele mit großartigen Aus- und Tiefblicken.

● 130 Rund um den Lünersee auf dem Lünersee-Uferweg
Besonders lohnende Wanderung; rot-weiß markiert; etwa 7 km. 1¾ Std. Bild 13 und 14.

Auf der W-, S- und O-Seite nahe über dem Seeufer, über dem N-Ende Anstieg von ca. 100 Höhenmetern zu prächtiger Aussichtskan-

Bild 13: Der Talschluß von Schattenlagant *oberhalb Brand mit dem Lünersee. T = Talstation der Lünerseebahn (R 121), Straßenende. DH = Douglasshütte (R 120) mit der Seilbahn-Bergstation. 1 = Wegverbindung R 608/609 zwischen Tal- und Bergstation über den „Bösen Tritt" (Rätikon-Höhenweg). 2 = Saulasteig, R 139 b. 3 = Lünersee-Uferweg, R 130. 4 = Übergang zur Lindauer Hütte (Rätikon-Höhenweg), R 610/611. 5 = zur Schesaplanahütte, R 138. GJ = Gafalljoch (Cavelljoch). 6 = Roßberg. 7 = Kirchlispitzen. 8 = Kanzelwand.*
Luftbild: Risch-Lau

7
6
GJ
4
5
4
3
DH
2
7
T

zel. Lohnende Zugabe: Das Gafalljoch und die Lüner Krinne als Abstecher vom Uferweg aus.

● 131 **Überschreitung der Schesaplana,** 2965 m

Überschreitung von O nach W mit Abstieg zur Mannheimer Hütte. Zum Gipfel etwa 1000 m Höhenunterschied, 3 – 3½ Std. Abstieg zur Mannheimer Hütte am Brandner Gletscher 1 – 1½ Std. „Schesaplanasteig", rot-gelb bez., nur für Geübte. Siehe auch R 111. Bild 14.

a) Von der Douglasshütte auf dem Uferweg nach SW; nach ¼ Std. Abzw. des Schesaplanasteiges. In Kehren in 1 Std. in die Hochtalmulde des Totalpseeli (links südl. auf Felskuppe die Totalphütte, 10 Min.). In WSW-Richtung unter dem S-Fuß des Zirmenkopfs auf die oberste Stufe der Toten Alpe, ¾ – 1 Std. Über firn- oder schuttbedeckte Steilstufe empor in die Hochmulde und rechts ausholend auf den S-Grat und zum Gipfel.
b) Abstieg auf Steigspuren über die SW-Flanke zum Schesaplanasattel (Bild 17) und in 35 – 40 Min. nach NNW über den Brandner Gletscher zur Mannheimer Hütte.

● 132 **Südwandsteig**

Die neue Steiganlage stellt eine Direktverbindung der Lünersee-Seite (Totalp) mit dem Brandner Gletscher (Mannheimer Hütte) unter Vermeidung des Schesaplana-Gipfelaufstieges und -wiederabstieges her. Der Steig ist auch als „Fluchtweg" für den Abstieg von der Mannheimer Hütte zum Lünersee geeignet. Zeitersparnis etwa 1 Std.

Von der Oberen Zollwachhütte (2660 m) etwa 150 m aufwärts in Richtung Schesaplana zu einer Wegtafel in etwa 2700 m. Man verläßt den Schesaplanasteig nach links in südwestl. Richtung. Der S-Wand-Steig umgeht den Gipfelaufbau der Schesaplana auf dessen (Schweizer) S-Seite. Erst an-, dann wieder absteigend (Seilsicherungen), teilweise ausgesetzt durch die felsige S-Flanke. Der Steig trifft am Fuß der Schesaplana-SW-Flanke – wenige Min. südöstl. oberhalb des Schesaplanasattels – wieder auf die alte Wegverbindung. Die Gletscherquerung zur Mannheimer Hütte ist mit Stangen gekennzeichnet.

● 133 **Schafgafall,** Hauptgipfel 2414 m

Leicht erreichbarer Aussichtsgipfel im NO über dem Lünersee. Tiefblick auf den See. 1 – 1½ Std.

Von der Douglasshütte über den Staudamm und nach O empor. 10 Min. nach dem Ende der Serpentinen verläßt man den Weg; durch Rinne auf Pfadspuren links empor in eine Einsattelung, von der man die Gipfel-S-Flanke überblickt. Weglos in ½ Std. ohne Hindernis zum Gipfel.

● 134 Roßberg, 2452 m

Diese Aussichtskanzel in der östl. Lünersee-Umrahmung ist über die SO-Flanke für Trittsichere leicht zu ersteigen. Von der Douglasshütte 2 ¼ Std. Bild 13 und 14.

Von der Douglasshütte wie bei R 610 über die Lünersee-Alpe und auf dem Schweizer-Tor-Weg in Richtung Verajoch. ¾ Std. nach der Lünersee-Alpe verläßt man den Weg und wendet sich links dem Roßberg zu. Er ist durch einen langen, begrünten Grat mit dem Zaluandakopf verbunden. Man erreicht diesen Grat über seine steile, aber gut begehbare grüne SO-Flanke in einer Einsattelung im NO des Roßberges. ½–¾ Std. vom Schweizer-Tor-Weg. Großartiger Tiefblick auf den Lünersee und Einblick in die Schesaplana-O-Flanke!

● 135 Saulakopf, 2517 m

Steiganlage, blau-gelb markiert, für Geübte ohne Schwierigkeiten. 1½ Std. vom Saulajoch.

Wie bei R 139 b in 1¼–1½ Std. zum Saulajoch. Nun auf Steiganlage, der Markierung folgend, erst durch die begrünte S-Flanke, dann durch die schrofige SW-Flanke zum Gipfel.

Folgende Doppelseite:
Bild 14: Die Schesaplanagruppe mit dem Lünersee. *Blickrichtung West. DH = Douglasshütte, TH = Totalphütte. Lage der Mannheimer Hütte zwischen 4 und 5. 1 = Schesaplana mit Schesaplanasteig (I) und Gletschersteig (II, R 131 a und b). 2 = Schaflochsattel mit Liechtensteiner Steig (III, R 115). 3 = Salaruelkopf. 4 = Panüeler Kopf (R 112). 5 = Wildberg (R 114). 6 = Felsenkopf. 7 = Zirmaköpfe. 8 = Seekopf. 9 und 10 = Totalpköpfe. GL = Gamslugge mit Steig (IV) über die Tote Alpe (TA). 11 = Kanzelkopf. 12 = Kanzelwand. 13/14 = Roßberggrat (R 134). 15 = Zaluandakopf. V = Lünersee-Uferweg, R 130. LK = Lüner Krinne mit Übergang VII (R 139 a, siehe auch Bild Nr. 16). VJ = zum Verajoch.*
Luftbild: Risch-Lau

1
6
9
I
10
TA
TH
GL
IV
IV
11
12
IV
I
V
13
IV
W
14
V
VJ

3
4
2
5
III
II
7
8
I
V
DH
15
V
L
K
VII

Bild 15: Die Schesaplana, *mit 2965 m der höchste Gipfel des Rätikon, und der Brandner Gletscher, von der Mannheimer (früher Straßburger) Hütte aus. Blickrichtung Südost.*
1 = Route R 111 bzw. 131 von der Mannheimer Hütte über den Brandner Gletscher und die Schesaplana zur Douglasshütte. Der Aufstieg vom Schesaplanasattel (SCH.S.) zum Gipfel verläuft jenseits des Südwestgrates durch die Südwestflanke. *Foto: G. Flaig*

● 136 Kirchlispitzen, HG 2552 m

Vielgipfeliger Kalkberg im Rätikon-Hauptkamm. Berühmte Südwand-Klettereien! Der Hauptgipfel ist von N in unschwieriger Schrofenkletterei erreichbar. Trittsicherheit erforderlich. ¾ Std. vom Verajoch. Bild 19 und 20.

Wie bei R 610 (Rätikon-Höhenweg) zum Verajoch, 1¾–2 Std. von der Douglasshütte. Über Schutt und Geröll zunächst gerade nach S empor. Nach wenigen Min. quert man schräg rechts hinauf. Über gutgestufte, schuttbedeckte Felsen auf Pfadspuren zum Gipfel.

● 137 Von der Douglasshütte zur Lindauer Hütte

Über Verajoch – Schweizertor – Öfajoch. 3¾–4 Std. Siehe R 610 (Rätikon-Höhenweg).

● 138 Von der Douglasshütte zur Schesaplanahütte

Sehr lohnende Wanderung auf meist guten Wegen. 3½–4 Std.

Wie bei R 610 (Rätikon-Höhenweg) in 50 Min. zur Lüner-See-Alpe (Bild 13). Etwa 6 Min. oberhalb Abzw. nach rechts vom Schweizertorweg und auf dem Gafalljochweg in 40 Min. zum Gafalljoch, 2239 m. Jenseits südwestw. hinab in die Einsattelung südl. des Lüner Eggs und auf die Weideböden der Alpe Vals. Weiter auf dem Rätikon-Höhenweg mit geringem Gefälle unter den S-Abstürzen des Schesaplanastockes nach W zur Schesaplanahütte, 2 Std. vom Gafalljoch (Cavelljoch).

● 139 Von der Douglasshütte zur Heinrich-Hueter-Hütte

2–2½ Std., weiter nach Vandans 2¼–2½ Std.

a) Über die Lüner Krinne. Von der Douglasshütte über den Staudamm, in Serpentinen ostw. hinauf und auf dem Lüner Weg (rot-gelb markiert) in ¾ Std. zur Lüner Krinne, 2155 m, Bild 16. Jenseits nach 20 Min. Abstieg Wegteilung: Links auf dem Gipsköpfleweg (blau-weiß) in ¾ Std. zur Heinrich-Hueter-Hütte, 1¾ bis 2 Std. von der Douglasshütte.

b) Über das Saulajoch (nur für Geübte). Am O-Ende des Staudammes links, zunächst etwas absteigend, auf dem – stückweise ausgesetzten – Saulajochsteig (weiß-rot) in 1 Std. zum Saulajoch hinauf, 2065 m, und jenseits nordseitig hinab zur Heinrich-Hueter-Hütte, 2 Std. von der Douglasshütte. Von der Hütte auf Fahrweg durchs Rellstal in 2¼–2½ Std. hinaus nach Vandans im Montafon.

Bild 16: Die Zimbagruppe *von Süden, vom Roßberg aus. Blickrichtung Nord. 1 = Wegverbindung R 139 von der Douglasshütte über die Lüner Krinne (LK) zur Heinrich-Hueter-Hütte (HHH, verdeckt). GK = Gipsköpfle. 2 = Zimbajochsteig von der Heinrich-Hueter-Hütte übers Zimbajoch (ZJ) zur Sarotlahütte. 3 = Saulakopf. 4 = Zimba. 5 = Groß Valkastiel. SCH = Schafgafall. Ganz links die Brandner Mittagspitze.* *Foto: G. Flaig*

● **140** **Über Totalphütte – Gamsluggensteig zum südlichen Rätikon-Höhenweg** (– Schesaplanahütte)
Siehe R 123 und Bild 14.

● **150** **Sarotlahütte,** 1611 m

Eigentum der Sektion Vorarlberg des ÖAV. Auf der obersten Stufe des Sarotlatales am N-Fuß der Zimba gelegen. 42 M., bew. von Mitte Juni bis Anfang Oktober. Funkverbindung mit Rettungsstelle Bludenz.

Zugänge:

● **151** **Von Brand**
2¼–2¾ Std. 650 m Höhenunterschied.

Auf dem „Waldweg" Richtung Bürs – Bludenz in 35–40 Min. zum Ausgang des Sarotlatales. Der Markierung nach durch Wald rechts hinauf ins steilflankige, enge Sarotlatal und in Kehren durch schütteren Lärchenwald nach SO empor zur Hütte.

● **152** **Von Bürserberg**
2½–3 Std.

Vom Postautohalt „Tschappina" (Wegzeiger) hinab zum Alvierbach (¼ Std.). Jenseits Anstieg zum Klostermaisäß, über den Sarotlabach und links hinauf zum Ausgang des Sarotlatals. Weiter wie bei R 151.

9. Tourengebiet der Sarotlahütte

Die Sarotlahütte wird überwiegend von Zimbabesteigern besucht, doch auch der Übergang über das Zimbajoch zur bzw. von der Heinrich-Hueter-Hütte wird häufig begangen, und die Aufstiege zum Zwölferjoch oder Eisernen Tor, die Übergänge von dort nach Bürs – Bludenz oder die Aufstiege zu den Gipfeln der Bludenzer S-Kette sind für Einsamkeitssucher lohnend.

● **153** **Groß-Valkastiel,** 2449 m
Ohne Schwierigkeiten. 2½–2¾ Std.

Von der Sarotlahütte auf gutem Pfad (blau-weiß bez.) ins Steintäli (rechts oberhalb der NO-Grat-Sporn der Zimba, Bild 17). Links (ONO) hinüber und hinauf bis unweit unterhalb des Eisernen Tores. Unschwierig auf Pfadspuren im Zickzack nach O empor durch die SW-Flanke. Ausblick auf die Zimbagruppe. Tiefblick ins Montafon.

● 154 Zimba, 2643 m

Durch ihre kühne Form und ihre abenteuerliche Ersteigungsgeschichte zählt die Zimba zu den volkstümlichsten Kletterbergen in weitem Umkreis. Kein leichter Anstieg, nur für geübte und ausgerüstete Berggeher (Seil!).
Von den weniger schwierigen Anstiegen führen die meistbegangenen über den W-Grat (Normal-Anstieg) und den NO-Grat (kürzeste Route). Der Einstieg zum W-Grat liegt oberhalb des Zimbajochs; den NO-Grat erreicht man aus dem Steintäli (s. R 157). Bild 17.

● 155 Westgrat (Normalanstieg)
II (überwiegend) und I. Leichtester Anstieg, viel begangen; deutliche Steigspuren. 1½–2 Std. vom Zimbajoch.

Von der Sarotlahütte wie bei R 158 zum Zimbajoch. 2–2½ Std.
Vom Joch zuerst dem Grat südl. ausweichend auf den ersten Gratabsatz (Rasenfleck) hinauf, ¼ Std. Von hier aus übersieht man den ganzen Gratverlauf. Kurzer Anstieg in eine Geröllmulde auf der Sarotlaseite und nach Überquerung derselben aufwärts zum Fuße der drei Kamine, die vom Rasenfleck aus gesehen, gerade unter der breiten, linken Gratscharte liegen. Aufstieg durch den linken, rißartigen, oder den mittleren, mehr schluchtartigen. In halber Höhe Verbindung zwischen den beiden. Hier vom mittleren in den linken hinüber und von dort über ein Band links aufwärts auf einen Felsvorsprung (links nordöstl. von den Kaminen). Nun über brüchiges Gestein in einer Rinne ziemlich steil hinauf zum Grat, den man in der breiten Scharte links von dem Felskopf erreicht. Auf dem unschwierigen, schwach geneigten Grat aufwärts, zuletzt über einen steilen Aufschwung, den man über aufrecht gestellte Schichtplatten erklettert. Kurzer Quergang gegen S (rechts) führt zu einer Rinne. Durch diese empor auf einen plattigen Vorsprung (Blick in die NW-Wand). Wieder Quergang auf schwach geneigten Platten 20 m nach S. Kurzer Abstieg und eine Seillänge hinauf zum Abseilring in der Scharte oberhalb des Kopfes. Von hier unschwierige Querung nach links (Sarotlaseite) auf breitem Band. Nach Überkletterung einer das Band abschließenden Felsstufe durch eine Rinne und weiter unschwierig zum Gipfel.

Bild 17: Die Zimba, *2643 m, vom Eisernen Tor aus. Blickrichtung Südwest. Links der Ostgrat, rechts der Nordostgrat; kürzester und leichtester Zimba-Anstieg (R 157). Im Hintergrund die Schesaplana, 2965 m. Foto: G. Flaig*

2965
Sarotla

Bild 18: Der Rätikon-Hauptkamm *vom Gipfel der Schesaplana. Blickrichtung Ost.*
1 = Nördlicher Rätikon-Höhenweg von der Douglasshütte über Verajoch (VJ) und Öfajoch (Ö) zur Lindauer Hütte. R 610/611. 2 = Südlicher Rätikon-Höhenweg von Colrosa zur Garschinafurka und -hütte, R 622/623. 3 = Kirchlispitzen, R 136. 4 = Drusenfluh, R 221/222. 5 = Drusentürme. 6 = Sulzfluh. 7 = Roßberg. 8 = Bilkengrat. 9 = Schafberg, R 468 und 481. GJ = Gafalljoch (R 138). Tiefblick auf die Tote Alpe (TA) und den Lünersee; am Horizont die Silvrettagruppe. *Foto: G. Flaig*

● 156 Abstieg über den Westgrat

II (überwiegend) und I. 1 – 1½ Std. zum Zimbajoch.

Bild 19: Der Aufstieg zum Verajoch *(Westseite). Blickrichtung Ost.*
1 = Rätikon-Höhenweg, R 610/611, Aufstieg von Lünersee zum Verajoch (VJ).
2 = Übergang übers Gafalljoch, R 138. 3 = Roßberg mit Aufstieg R 134 (6).
4 = Verakopf. 5 = Kirchlispitzen, R 136. *Foto: G. Flaig*

Vom Gipfel auf dem Grat 20 m nach SW. Auf gut ausgetretenem Steig einmal rechts ausholend hinab und wieder nach links in eine Rinne. In ihr rechts auf dem Steig in engen Zickzacks eine Seillänge hinab. Kurz oberhalb ihres Abbruchs aus ihr waagrecht nach links zu einer kleinen Felsnase. Schräg links auf einer felsigen Rampe hinab in Richtung auf einen roten Gendarm. Nach 12 m Felsstufe (5 m hoch; rotes Gestein).

Über sie hinab auf ein Band, das hinüber- und hinunterführt in die Gratscharte hinter dem roten Gendarm. Abseilring. Jenseits Abstieg erst schräg links etwa 14 m, dann schräg rechts etwa 12 m auf erd- und rasendurchsetztem Fels. Jenseits in rötlichem Gestein 6 m wieder empor und Querung (20 m) in die Scharte vor dem grauen Felsturm (Blick in die N-Wand). 10 m durch Rinne abwärts, um den Fuß des grauen Turmes nach rechts auf den Grat und über einen Abbruch (5 m). Einige Seillängen auf dem Grat weiter bis kurz bevor er an den großen Felskopf stößt. Durch Schluchtrinne rechts ab in die Flanke. Nach 20 m Überstieg nach links in die zweite Rinne. 20 m hinab, nach links um die Ecke und Quergang (1 Seillänge) nach links an den Fuß der großen, glatten Sohmplatte. Unschwierig links südl. des Grates (Rellstalseite) über Schrofen und Bänder in Gratnähe in wenigen Min. zum Zimbajoch. Weiterweg zur Sarotlahütte s. R 181, zur Heinrich-Hueter-Hütte s. R 158.

● 157 Überschreitung der Zimba mit Aufstieg über den Nordostgrat und Abstieg über den Westgrat

II (überwiegend) und I. Deutliche Steigspuren. Der NO-Grat ist der kürzeste Zimbaanstieg. 3–3¼ Std. von der Hütte, insgesamt 5½–6 Std. Bild 17.

Der Ausläufer des NO-Grates bildet die rechte nördl. Begrenzung der vom Fuß der Gipfel-NO-Wand zum Steintäli herunterziehenden Geröllhalde. Von der Sarotlahütte ins Steintäli zur Abzweigung (¾ Std.) und zum untersten Fuß des NO-Grates. Einstieg links, östl., am untersten Gratansatz. Auf den ersten Kopf hinauf, dann über Rasen und niedrige Absätze weiter, bis eine steile Stufe das Weiterkommen erschwert. Diese ist vom Sarotlatal aus als mächtiger Grataufschwung sichtbar. Etwas links vom Grat über griffarme Ausbauchungen oder etwas nach rechts in die N-Seite gehen, über eine etwa 8 m hohe Wandstufe empor und über Gras und Felsköpfe bis zur großen Scharte vor dem eigentlichen Gipfelaufbau (2 Std.). Diese Stelle kann über die Schutthalden vom Steintäli aus in 1 Std. ohne Kletterei erreicht werden. Dann ist dieser Anstieg unschwieriger als der W-Grat. Ein auffallend helles, spitzes, etwa 30 m hohes Felsdreieck bildet den Anfang des folgenden Gratstückes. Durch eine Rinne an seiner rechten Begrenzungslinie auf dieses Dreieck. Von hier kurzer Anstieg über grasdurchsetzte, nicht steile Felsen zu zwei schluchtartigen, oben sich verengenden Kaminen. Über diesen eine breite Platte („Gunzplatte"), die durch einen Überhang abgeschlossen wird. Im rechten Kamin empor an den Fuß der Grunzplatte, an ihrer rechten Seite durch eine enge Kaminschlucht empor bis

Bild 20: Am Rätikon-Höhenweg. *Blick vom Öfajoch gegen Westen über Schweizer Tor (SCH.T.) zum Verajoch (VJ).*
1 = Rätikon-Höhenweg, R 610/611. 2 = Querverbindung zum südlichen Rätikon-Höhenweg (Schweiz). 3 = Abstieg über Zaluandaalpe ins Rellstal (Montafon). 4 = Kirchlispitzen (R 136). 5 = Schesaplana. 6 = Zirmakopf. 7 = Seekopf. 8 = Verakopf. 9 = Roßberg. *Foto: G. Flaig*

vor ein großes Loch im Berg, das jenseits wieder ins Freie führt. Vor dem Loch links hinauf auf die Platte. An ihrem Oberrand abdrängende Querung nach links, Überstieg in eine Rinne, in ihr empor und rechts

auf den Grat. Auf ausgetretenem Steig in 10–15 Min. zum Gipfel: 1–1¼ Std. zum Einstieg.
Abstieg über den W-Grat, s. R 156.

● 158 Von der Sarotlahütte über das Zimbajoch zur Heinrich-Hueter-Hütte

Steiganlage, teilweise ausgesetzt, Trittsicherheit erforderlich. 3–3½ Std.

Man quert unter den untersten Ausläufern der Zimba erst in SW-Richtung, dann südw. empor und steigt in Kehren durch das schutt- und geröllgefüllte Tal, das sich vom Zimbajoch herabzieht. Eine kleine Steilstufe wird durch Eisenleiter überwunden. Vom Zimbajoch, 2387 m, Blick jenseits hinab ins Rellstal. Ein sehr steiler Pfad (Bild 16) führt im Zickzack erst über felsiges Gelände, dann auf Schutt hinab zur Heinrich-Hueter-Hütte auf der Vilifaualpe.

● 170 Montafon

Das 40 km lange Tal der Ill ist berühmt als „Alpenpark Montafon“ im Sommer wie als „Skistadion Montafon“ im Winter. Der Rätikon begleitet das Tal Montafon südseitig in seinem unteren und mittleren Teil von Bludenz-Lorüns über Schruns-Tschagguns bis St. Gallenkirch und entlang dem Gargellental. Verkehrsmittel: Montafoner Bahn Bludenz – Schruns, Postautolinie Schruns – Gargellen. Auskünfte: Tourismusverband Montafon. A-6780 Schruns, Montafonerstr. 21, Tel. (0 55 56) 7 22 53.

● 171 St. Anton im Montafon, 651 m

Bahnstation der Montafoner Bahn und an der Straße Bludenz – Schruns. Ausgangspunkt für die gleichen Touren wie Vandans. Zimmernachweis durch Tourismus-Information, A-6771 St. Anton im Montafon, Tel. (0 55 52) 6 71 92.

● 172 Vandans, 648 m

Bahnstation der Montafoner Bahn, an der Straße Bludenz – Schruns, Lage südl. der Ill. Ausgangspunkt für das Rellstal mit Heinrich-Hueter-Hütte und den Golmer Grat. Beliebter Sommerferienplatz, Wintersport. Doppelsesselbahn Vandans – Latschau, 650–1000 m, Betriebszeit Ende Mai bis Mitte September, mit Anschluß an die Golmer Bahn. Mehrere Gaststätten, zahlreiche Privatzimmer. Auskunft und Zimmernachweis durch Tourismus-Info, A-6773 Vandans, Dorfstr. 29, Tel. (0 55 56) 7 26 60.

● 173 Rellstal

Das Rellstal mit dem Rellsbach (oder Almustrik) mündet bei Vandans in die Ill. Das 8,5 km lange Tal, im Unterlauf schluchtartig und waldreich, öffnet und verzweigt sich im oberen Teil mit weitläufigen Alpmatten, überragt von der Zimba, Saulakopf, Kirchlispitzen und Drusenfluh. Fahrstraße (Privatstraße der Illwerke, Fahrverbot). Im Sommer Kleinbusverkehr, Auskunft durch Tourismus-Info, Tel. 7 26 60. Rechtsufrig (ostseitig) besteht ein Fußweg.

● 174 Alpengasthof Rellstal, 1490 m

Der Alpengasthof Rellstal, 1490 m, liegt auf der östl. Talseite unweit taleinwärts von der Rellskapelle, 150 m östl. der Brücke über den Zaluandabach. 25 B., bew. von Juni bis Oktober. Tel. (0 55 56) 7 41 76. Zugang von Vandans auf der Rellstalstraße, 2½ Std. Von der Golmer-Bahn-Bergstation auf dem Platziser Weg, s. R 200 a.
Tourengebiet: Ausgangspunkt für Touren und Wanderungen im oberen Rellstal. Beschreibungen unter R 180–184 bei der Heinrich-Hueter-Hütte. Gebiet von Golm.

● 175 Heinrich-Hueter-Hütte, 1766 m

Eigentum der Sektion Vorarlberg des ÖAV. Im obersten Rellstal unter dem S-Fuß der Zimba (Lage s. Bild 16). 26 B., 120 M., Winterraum mit 10 L., bew. von Anfang Juni bis Anfang (Mitte) Oktober. Funkverbindung mit Rettungsstelle Bludenz, Tel. (0 55 56) 7 65 70.

Zugänge:

● 176 Von Vandans, 3¼–3¾ Std.

Von Vandans durch das Rellstal auf gutem Fahrweg (Fahrverbot, Kleinbusverkehr).

● 177 Von der Douglasshütte, 2–2½ Std.

Von der Douglasshütte (Bergstation der Lünersee-Bahn): Entweder (leichter) über die Lüner Krinne, s. R 139 a, oder über das Saulajoch, s. R 139 b.

● 178 Von der Sarotlahütte

2¾–3¼ Std. Siehe R 158.

● 179 Von der Golmer-Bahn-Bergstation

3–3¼ Std. Siehe R 200.

10. Tourengebiet der Heinrich-Hueter-Hütte

● **180** **Von der Heinrich-Hueter-Hütte zur Douglasshütte am Lünerseee**
$2\frac{1}{4}$–$2\frac{1}{2}$ Std.

a) Über die Lüner Krinne (einfacher): Auf dem markierten Gipsköpfleweg (Bild 16) auf die Weiden der Alpe Lün und auf dem Lüner Weg (rotgelb bez.) zur Lüner Krinne, 2155 m. Jenseits rechtshin nach W hinab und auf dem Lüner-See-Uferweg zur Hütte.
b) Über das Saulajoch (nur für Trittsichere) auf dem Saulajochsteig. Zunächst Aufstieg auf Fußweg in die talartige Senke des Saulajochs, $\frac{3}{4}$–1 Std., und weiter durch die steilen Abstürze des Schafgafall auf stellenweise mit Drahtseilen gesichertem Felsensteig zur Staumauer und Hütte.

● **181** **Von der Heinrich-Hueter-Hütte über das Zimbajoch zur Sarotlahütte** auf dem Zimbajochsteig
Trittsicherheit erforderlich. $2\frac{3}{4}$ –3 Std. Bild 16.

Aufstieg in steilen Serpentinen über die S-Flanke zum Zimbajoch, $1\frac{3}{4}$–2 Std., jenseits steil gerade nach N hinab und schließlich rechtshin (NO) zur Sarotlahütte.

● **182** **Saulakopf,** 2517 m
Trittsicherheit erforderlich. $2\frac{1}{2}$ Std.

Wie bei R 180 b zum Saulajoch und weiter wie bei R 135 zum Gipfel. Der Saulakopf ist von der Heinrich-Hueter-Hütte aus auch über seine N-Flanke (durch das Kanzlertäli) unschwierig zu ersteigen.

● **183** **Zimba,** 2643 m
II (am W-Grat). Siehe auch R 154. $3\frac{1}{2}$–$3\frac{3}{4}$ Std.

Wie bei R 181 zum Zimbajoch und weiter wie bei R 155 über den W-Grat (II) zum Gipfel.

● **184** **Schafgafall,** SG 2414 m, NG 2393 m
2–$2\frac{1}{2}$ Std.

Wie bei R 180 a auf dem Gipsköpfleweg (Bild 16) auf die Weideböden der Alpe Lün nördl. unterhalb der Lüner Krinne. Von dort weglos ohne Schwierigkeit auf den N- oder S-Gipfel (Tiefblick auf den Lüner See!). Der Übergang von Gipfel zu Gipfel erfordert Trittsicherheit.

• 190 **Schruns im Montafon,** 700 m

Marktgemeinde, Hauptort und Mittelpunkt des Tales. Bedeutender Sommerkurort und Wintersportplatz. Wichtiger Ausgangspunkt für den ganzen Osträtikon (Rellstal, Gauertal, Gampadelstal und Gargellental). Endstation der Montafoner Bahn Bludenz–Schruns. Postautolinie (ab Bahnhofsplatz) nach Gargellen, Latschau. Hochjochbahn aufs Kapelljoch. Hotels, Gasthöfe und Privatquartiere, Camping. Bergführer im Ort. Banken, Geschäfte aller Art, Kuranstalt mit Sauna usw., Ärzte. Auskünfte und Zimmervermittlung: Tourismusbüro, Silvrettastr. 6, A-6780 Schruns. Tel. (0 55 56) 7 21 66. Tschagguns und Latschau. Wichtige Talorte des Montafoner Osträtikons, besonders für die Tourengebiete der Lindauer Hütte und Tilisunahütte und das Gebiet von Golm. Bild 22.

• 191 **Tschagguns,** 687 m

Sommerferienort und Wintersportplatz. Hotels, Gasthöfe, Privatquartiere, Camping. Ladengeschäfte, Postamt, Bank. Bahnstation der Montafoner Bahn und an der Straße Bludenz (– Tschagguns) – Schruns. Autostraße nach Latschau. Auskünfte und Zimmervermittlung: Tourismusinformation, A-6774 Tschagguns, Tel. (0 55 56) 7 24 57.

• 192 **Sesselbahn Tschagguns – Grabs**

Talstation 734 m, 10 Min. südl. oberhalb Tschagguns-Ortsmitte, Bergstation Grabs 1365 m (Bild 23); Höhenunterschied 630 m = 1¾–2 Std. Aufstieg. Betriebszeit Mai bis Anfang Oktober. 8–17 Uhr. Bild 22. Golmer Bahn: Siehe unter Latschau.

• 193 **Berggasthof Grabs,** 1365 m

Bei der Bergstation gelegen, 56 B., Tel. (0 55 56) 7 25 84.

• 194 **Unterkünfte am Ziegerberg**

Berggasthof Mittagsspitze: 27 B., Tel. (0 55 56) 7 42 51. Privatquartiere. Die Unterkünfte sind mit Kfz erreichbar.
Tourengebiet: Tschaggunser Mittagsspitze, Aufstieg zur Tilisunahütte (R 237) und Lindauer Hütte.

• 195 **Tschaggunser Mittagsspitze,** 2168 m

I (einige Stellen), meist Gehgelände. Dankbare Gipfeltour. Von der Bergstation Grabs 2 Std.

Von der Sesselbahn-Bergstation Grabs wie bei R 237 (Bild 22) zur Alpe Alpila. Über Alpweiden nach SO empor zum Sattel am S-Fuß des Gipfels und unschwierig durch eine Rinne der SW- und W-Flanke empor. Mehrere kleine Felsstufen können bald links, bald mehr rechts erklettert werden. Zuletzt über den kurzen Gipfelgrat zum höchsten Punkt hinüber. Tiefblicke ins Montafon!

● 196 **Latschau,** 1000 m

Parzelle der Gemeinde Tschagguns am Ausgang des Gauertales (Bild 22). Straße und Postautolinie Schruns – Tschagguns – Latschau bis Talstation Golmer Bahn. Sesselbahn von Vandans nach Latschau. Gasthöfe, Pensionen und Privatquartiere. Auskunft und Vermittlung: Verkehrsamt A-6774 Tschagguns, Tel. (0 55 56) 7 24 57.

● 197 **Golmer Bahn** der Vorarlberger Illwerke AG

8er-Kabinen-Einseilumlaufbahn. Die Station Latschau, auf 1000 m gelegen, wird von Tschagguns über die Latschauer Straße erreicht. Postautolinie von den Bahnhöfen Schruns und Tschagguns direkt bis zur Station Latschau. Großer Parkplatz. Betriebszeiten: Ende Mai bis Mitte Oktober (und Winterbetrieb). Teilstrecke I Vandans – Latschau (nur Winterbetrieb); Teilstecke II Latschau – Matschwitz, 1000 bis 1522 m; Teilstrecke III Matschwitz – Golm/Grüneck, 1522–1893 m. Tel. (0 55 56) 7 24 57.

11. Tourengebiet der Golmer Bahn

Großartige, bequeme Höhenwanderungen angesichts der Zimba und der Sulzfluh- und Drusenfluhgruppe mit den Drei Türmen.

● 198 **Von der Golmer-Bahn-Bergstation auf dem Latschätzer Weg zur Lindauer Hütte**

Einer der schönsten Rätikon-Wanderwege, zugleich bequemster Zugang zur Lindauer Hütte. $1^1/_4 - 1^1/_2$ Std. Siehe R 213.

● 199 **Von der Golmer-Bahn-Bergstation auf dem Golmer Höhenweg und Geißspitzsteig zur Lindauer Hütte**

Großartige Gratwanderung und Höhenweg auf Steiganlage. $3^1/_2 - 4$ Std. Bild 22. Je nach Route Trittsicherheit erforderlich.

a) Der Golmer Höhenweg führt übers Golmer Joch, 2124 m, über den Latschätzer Kopf, 2219 m, durch die S-Flanke des Kreuzjochs und ins

Bild 21: Die Lindauer Hütte *von Westen. Vorne die Obere Sporaalpe. Im Kreis die Lindauer Hütte (L.H.). Blickrichtung Ost.*
Im Vordergrund der Rätikon-Höhenweg R 610/611 Douglasshütte — Lindauer Hütte. 1 = Fortsetzung des Rätikon-Höhenweges: R 612, Lindauer Hütte — Tilisuna-Hütte über den Bilkengrat. 2 = Schwarzhorn, R 245/246. 3 = Schwarze Scharte. 4 = Aufstieg von der Lindauer Hütte durch den Rachen zur Sulzfluh, R 225. 5 = Drusentorweg R 228 und Zugang zu R 220 (zu den Drusentürmen).
Foto: G. Flaig

Hätaberger Jöchli, 2154 m, hinab. (Ungeübte steigen von hier nach links (O) auf den Latschätzweg ab und erreichen auf ihm (R 213) die Lindauer Hütte.)

b) Der Geißspitzsteig (rot-weiß-blau bez., Trittsicherheit erforderlich) führt vom Hätaberger Jöchli kurz am Grat südl. empor und quert links aufwärts die O-Flanke des Wilden Mann bis auf den Grat. Über ihn zur

Kreuzspitze, 2351 m, und links nach O zur Geißspitze, 2334 m (Rundsicht!). In Kehren über ihren grünen SO-Hang hinab und hinüber zur Lindauer Hütte.

● 200 Von der Golmer-Bahn-Bergstation auf dem Platziser Weg zum Gasthof Rellstal (und zur Heinrich-Hueter-Hütte)
Landschaftlich sehr lohnend; teilweise rauher Alp- und Bergweg; rot-weiß bez. 1¾–2½ Std.

a) Von der Bergstation Golm etwas absteigend auf den „Platziser Weg" und über die Äußere Golmalpe, 1817 m, zur Platzisalpe, 1886 m. Weiter flach westw. talein und zuletzt steil in Kehren durch den Schattenwald hinab zum Ghf. Rellstal.
b) Zur Heinrich-Hueter-Hütte: Vom Ghf. Rellstal nach W hinüber zur Rellstalstraße und zur Rellskapelle (Ww.); auf Fahrweg in ¾–1 Std. zur Heinrich-Hueter-Hütte.

● 210 Gauertal

Das Gauertal, ein südl. Seiten- und Hochtal des Montafon, ist etwa 7 km lang und in 3 Talstufen gegliedert (Bild 22). Der Rasafeibach mündet bei Tschagguns in die Ill. Autozufahrt bis Latschau; Fahrweg bis zur Lindauer Hütte, jedoch ab Latschau Fahrverbot! Im mittleren Teil des Tales liegt auf seiner W-Seite als Stützpunkt das Haus Gauertal des Touristenvereins „Die Naturfreunde" (17 B., 25 M.), bew. von Anfang Mai bis Ende September. Tourengebiet und Tourenbeschreibung s. unter Lindauer Hütte.

● 211 Lindauer Hütte, 1744 m

Eigentum der Sektion Lindau des DAV. Die Hütte liegt im Talschluß des Gauertals (Bild 21, 22, 23), am oberen W-Rand des Porzalengawaldes unweit östl. der Oberen Sporaalpe. Ihre Lage angesichts des gewaltigen Felsrundes ist einzig. Sie erschließt ein weitberühmtes Kletter- und Wandergebiet. Stützpunkt am Rätikon-Höhenweg. 40 B., 120 M. Mehrere Gasträume, Stromversorgung, Duschen, Warmwasser. Sprechfunkverbindung mit Rettungsstelle Bludenz. Voll bewirtschaftet von Anfang (Mitte) Juni bis Anfang (Mitte) Oktober sowie etwa vom 25. Dezember bis 6. Januar und über Ostern. 2 Winterräume mit 20 L. (AV-Schlüssel). Bahnstation und Talort: Tschagguns. Sehenswerter Alpengarten.
Zugänge zur Lindauer Hütte. Autozufahrt bis Latschau, Parkplätze beim Postauto-Endhalt an der Golmer-Bahn-Station beim Staubecken. Die Auffahrt mit der Golmer Bahn verkürzt den Zugang.

● 212 Von Latschau durch das Gauertal zur Lindauer Hütte
2¼–2½ Std. Bild 22 und 23.

Bild 22: Die Sulzfluh- und Drusenfluhgruppe *vom Itonskopf aus. Blickrichtung Südsüdwest.*
1 = Plasseggajoch am Übergang Tilisunahütte — Gargellen (Rätikon-Höhenweg). 2 = Tilisuna-Seehorn. 3 = Scheienfluh. 4 = Weißplatte. 5 = Tilisunafürkli. Durch das Gampadelstal Zugang R 238 zur Tilisunahütte (TH). 6 = Tschaggunser Mittagspitze. 7 = Tilisuna-Schwarzhorn. 8 = Sulzfluh (vgl. auch Bild 25). 9 = Zugang R 237 zur Tilisunahütte. 10 = Drusentor. 11 = Drei Türme. 12 = Drusenfluh. 13 = Geißspitze. Durch das Gauertal Zugang R 212 zur Lindauer Hütte (LH). 14 = Zugang R 213 (Latschätzweg) von der Golmerbahn-Bergstation zur Lindauer Hütte. Foto: W. Vonbank

Von Latschau auf Fahrstraße und -weg (im Gauertal Fahrverbot) ins Gauertal. Wegteilung: Beide Wege führen zur Hütte, aber nur der rechte (W-Seite) zum Haus Gauertal des TVN (von Latschau ¾–1 Std.). Weiter talein und in Windungen (Abkürzungen) zur Hütte.

● **213** **Von Golm auf dem Latschätzweg zur Lindauer Hütte**
Landschaftlich besonders schön; bequemster Zugang, etwa 4 km ohne größere Steigungen. 1¼–1½ Std. Bild 22 und 23.

Auffahrt von Latschau mit der Golmer Bahn, R 197. Von der Bergstation der Golmer Bahn auf dem rot-weiß bez. „Latschätzer Weg“ etwa 200 m nach S, dann über den Golmer O-Rücken auf die SO-Flanke des Gauertales hinüber und durch diese in sanftem Gefälle erst rechts nach SW, dann nach S zur Alpe Latschätz, 1733 m, etwa 2 km, ¾ Std. Von den Alphütten kurz nach S, dann linksum nach O etwas ansteigend auf den NO-Rücken der Geißspitze und rechtsum nach S, ihre z. T. latschenbewachsenen O-Hänge querend, nahezu waagrecht, später etwas ansteigend, zuletzt durch schütteren Wald hinab und hinüber zur Lindauer Hütte.

● **214** **Von Golm auf dem Golmer Höhenweg und Geißspitzsteig zur Lindauer Hütte**
3½–4 Std. Siehe R 199.

● **215** **Von der Douglasshütte zur Lindauer Hütte**
3½–4 Std. Siehe R 610 (Rätikon-Höhenweg).

● **216** **Von der Tilisunahütte zur Lindauer Hütte**
2½ Std. Siehe R 613 (Rätikon-Höhenweg).

● **217** **Von der Garschinahütte zur Lindauer Hütte**
1½ Std. Siehe R 506.

12. Tourengebiet der Lindauer Hütte

Neben den zahlreichen schwierigen bis äußerst schwierigen Kletterrouten im schönen Kalkfels gibt es rund um die Lindauer Hütte auch viele leichte Anstiege, selbst auf die Gipfel des Hauptkammes.

● **218** **Geißspitze,** 2334 m
Rot-weiß-blau bez. 1½–2 Std.

Der leicht zu ersteigende Gipfel bietet einzigartigen Einblick in das Felsenrund des Talabschlusses um die Lindauer Hütte. Der Geißspitzsteig führt anfangs durch schütteren Wald nach N empor und in zahlreichen Kehren über die steile, grüne SO-Flanke zum Gipfel. Flora!

Bild 23: Drei Türme und Drusenfluh *von Nordosten (Blickrichtung Südwest). Im Kreis die Lindauer Hütte (LI.H., R 211). 1 = Zugänge R 212. 2 = Latschätzweg, R 213, Zugang und Höhenweg von der Golmerbahn-Bergstation zur Lindauer Hütte. 3 = Übergang zur und von der Douglasshütte über das Öfajoch (Ö), Rätikon-Höhenweg, R 610/611. 4 = Übergang zur und von der Tilisunahütte (Rätikon-Höhenweg, R 612/613), Zugang zu R 225 (= Sulzfluh durch den Rachen). 5 = R 228, übers Drusentor (D) zur Garschinahütte, zugleich Zugang zu 6 = R 220, Aufstieg zu den Drusentürmen. 7 = Drei Türme (Drusentürme). 8 = Drusenfluh.* *Luftbild: Franz Thorbecke*

● **219** **Großer Drusenturm,** 2830 m

Die Drei Türme sind wohl das schönste Bergmassiv im Rätikon, ein „Glanzpunkt der Alpenwelt". Zwischen ihren Steilabstürzen gibt es einen unschwierigen Anstieg.

● **220** **Von Norden**

Unschwierig, jedoch Bergerfahrung erforderlich. Höhenunterschied 1100 m. 3–3½ Std. Bild 23.

Von der Lindauer Hütte auf dem Drusentorweg R 228 in 1¼ Std. zur Wegteilung bei P. 2170 m der LKS (roter Felsblock). Rechts (westl.) aufwärts Richtung Drei Türme, in Kehren empor und in die mit Blöcken gefüllte Mulde unter der Steilstufe zwischen Kleinem Turm und Sporaturm. Hier verliert sich die Wegspur zeitweise im groben Blockwerk. Man hält sich Richtung Sporaturm. Vom Sporatobel (links, südl. vom Sporaturm) zieht zwischen Steilwänden eine ausgeprägte, oben abgeriegelte Steilrinne herab. Man quert unter ihr durch nach rechts (N) und steigt auf den Schichtbändern, dicht unter der senkrechten Felsstufe (rechts von vorgenannter Rinne) auf deutlich ausgeprägter Steigspur schräg rechts an bis auf eine gerade unter dem Sporaturm vorgeschobene kleine Schulter (Felskopf). Hier links um, zurück und nach SW schräg empor auf den Sporasattel im S des Sporaturms. Die Steigspur führt südl. empor durch den Sporatobel, die Steilmulde zwischen dem Kleinen und dem Mittleren Turm, über Geröll und Schrofen. Man hält sich im unteren Teil mehr links (O) und vermeidet rechts unter dem dort vorstoßenden Felsgeschröf die gefährliche Doline (senkrechter Einbruchstrichter), besonders bei Schneebedeckung oder bei schlechter Sicht und im Abstieg. Dagegen hält man sich im oberen Teil eher mehr rechts. Am Oberrand des Sporatobels in die Einsattelung zwischen dem Kleinen Turm links und den beiden anderen rechts. Den Großen Turm gewinnt man auf einem Schuttsteig, der über schuttige Schrofen seiner SO-Flanke im Zickzack hinaufführt. Von diesem Steig auch Abzweigung nach rechts zum Mittleren Turm, den man aus der Einsattelung zwischen Großem und Mittlerem Turm in 5 Min. ohne Schwierigkeit erreicht.

Bild 24: Die Drusenfluh, *2827 m, von Nordwesten, vom Verakopf. Blickrichtung Südost.*
1 = Rätikon-Höhenweg, R 610/611, vom Verajoch (VJ) übers Schweizer Tor (SCH.T.) zum Öfajoch (ÖJ). 2 = R 221. IS = Imhofsattel. — — — → Richtung Schweiz = Abstieg zum südl. Rätikon-Höhenweg. *Foto: G. Flaig*

IS
2
2
2
ÖJ
1
Schweiz
Sch. T.
VJ

● 221 **Drusenfluh,** 2827 m

Gewaltige Berggestalt, steilflankig und zerklüftet, mit romantischer Ersteigungsgeschichte. Ohne leichten Anstieg, nur für erfahrene Berggeher und bei sicherem Wetter. Bild 24, 23 und 36.

● 222 **Durch die Schweizermulde und auf der Zudrell/Imhof-Route**

II und I. Höhenunterschied 1100 m. 3½ Std. vom Einstieg, 5 Std. von der Lindauer Hütte.

Von der Hütte wie bei R 611 (Rätikon-Höhenweg) in 1½–1¾ Std. zum Öfajoch. Wenige Min. jenseits nach W hinab (Bild 20) und südwestw. durch Felstrümmer an den oberen Rand der Mulde, dort, wo der weiße Fels (W) mit dem braunroten (O) eine auffallende Grenze und einen Winkel bildet. Einstieg dicht links (O) dieser Grenze. Erst in der Fallinie, dann etwas links haltend über Karrenfelsen ins plattige Kar der Schweizermulde. Durch die ganze Karmulde im Bogen nach links empor bis unter den Imhofsattel, den man über plattige Steilbänder von links nach rechts empor erreicht. Man wendet sich nach S und steigt über den plattigen Karrenrücken und Schuttstufen empor zum P. 2727 der LKS auf dem W-Grat. Hoch im O erkennt man jetzt den langgezogenen Gipfelgrat. Ihm strebt man zu, nach O über den scharfen Grat in herrlicher Wanderung auf und ab bis vor den gewaltigen, überhängenden Grataufschwung, dessen nördl. verlängerte Wände die Imhofmulde zum Roten Eck hinab begrenzen. Auf braunem, erdigem Band – dem Zudrellband – etwa 2 Seillängen schräg rechts in die S-Wand hinauf, bis kurz vor den höchsten Punkt des Bandes, eine kleine Kanzel, hinter der es waagrecht, dann wieder aufwärts scheinbar um die Ecke verschwindet. Man wendet sich hier links zurück: Vom Zudrellband einige Meter schräg links, dann gerade und wieder rechts über die glatte graue Wandstufe in eine gelbe Rinne. Rechts haltend unter den Überhang hinauf (kleine Kanzel). Man folgt jetzt links (W) der unter dem Überhang links emporziehenden bandartigen Einbuchtung, die zuletzt als steile und plattige Verschneidung (schwierigste Stelle) auf die Höhe des Grataufschwunges führt. 100 Schritt über die Gratschulter des nächsten Aufschwunges, der links bleibt. Unschwierig rechts nach SO unter ihm entlang über grobe, breite Geröllstufe hinauf gegen die Schlucht, die zwischen dem ersten (und höchsten) Turm der Gipfelkrone links und dem zweiten rechts tief eingeschnitten emporzieht. Durch ein Fenster (Durchschlupf) unschwierig nach O empor und gutgestuft hinauf auf die Gipfelkrone.

● 223 Rund um die Drusenfluh

Einzigartige Ringwanderung auf Wegen und Steigen in herrlicher Felslandschaft. 5½–7 Std.

Von der Lindauer Hütte wie bei R 228 (Bild 23) zum Drusentor, 1¾–2¼ Std., jenseits nach S hinab zur zweiten Rechtsabzweigung und – unter den mächtigen S-Abstürzen der Drusentürme und Drusenfluh (Bild 36) – auf dem südl. Rätikon-Höhenweg, R 623, in Richtung Schweizertor. Nach ¾–1 Std. bei Wegteilung rechts aufwärts und kurz sehr steil ins Schweizertor empor, ½ Std. Weiter wie bei R 610 auf dem nördl. Rätikon-Höhenweg über den Öfapaß zurück zur Lindauer Hütte, 1½ Std.

● 224 Sulzfluh, 2818 m

Höchster Gipfel des östl. Rätikon, großartiger Aussichtsberg. Näheres s. R 241.

● 225 Von der Lindauer Hütte durch den Rachen

Steig und deutliche Steigspuren, für Geübte ohne Schwierigkeiten. Höhenunterschied 1130 m. 3½–4 Std.

Von der Lindauer Hütte auf dem Bilkengratweg wie bei R 612a (Rätikon-Höhenweg) nach O zu P. 1684 am Fuß des Bilkengrats (Weggabelung). Nach rechts und auf gutem Steig auf die unterste Stufe des Rachens. Entweder gerade weglos durch den Rachen empor, oder (besser) auf Steiglein links nach NO und über den östl. Begrenzungsstock des Rachens nach S empor zum Gipfel.

● 226 Von der Lindauer Hütte zur Douglasshütte auf dem Schweizertorweg

Eines der schönsten Teilstücke des nördl. Rätikon-Höhenweges, s. R 611. 3½–4 Std.

● 227 Von der Lindauer Hütte zur Tilisunahütte über den Bilkengrat

Landschaftlich besonders schönes Teilstück des Rätikon-Höhenweges, s. R 612. 2½–3 Std.

● 228 Von der Lindauer Hütte zur Garschinahütte auf dem Drusentorweg

Landschaftlich großartiger Übergang in die Schweiz: zugleich Querverbindung vom nördl. zum südl. Rätikon-Höhenweg. 2–2½ Std.

Auf dem Drusentorweg von der Lindauer Hütte (Bild 23) auf dem latschenbewachsenen Moränenkamm bis zum Berghang Richtung Drusentor. Rechtshin und hinauf in die „Untere Grube". In Kehren Richtung Drei Türme – Drusentor zu Wegteilung, 1 – 1¼ Std. (der Drei-Türme-Steig biegt scharf rechts ab). Geradeaus weiter und in ½ Std. zum Drusentor. Jenseits nach S hinab und hinüber zur Garschinafurka, 2221 m. In wenigen Min. nach O zur Hütte.

● 235 Gampadelstal

Das Gampadelstal mit dem Gampadelsbach, etwa 8 km lang, mündet bei Tschagguns in die Ill, ist in seinem Unterlauf schmal, in seinem oberen Teil geweitet mit ausgedehnten Alpweiden bis zum Kalkfels des Hauptkammes. Straßenzufahrt bis zum Ziegerberg. Fahrsträßchen (Fahrverbot!) bis zur Oberen Tilisunaalpe.

● 236 Tilisunahütte, 2208 m

Eigentum der Sektion Vorarlberg des ÖAV. In großartiger Landschaft des Hochrätikons über dem Tilisunasee gelegen. Bild 25. Materialseilbahn (Gepäckaufzug) aus dem Gampadelstal. 21 B., 103 M., 30 L. Bew. von Mitte Juni bis Anfang Oktober. Funkverbindung mit Rettungsstelle Bludenz, Tel. (06 63) 9 65 20 88.

Zugänge:

● 237 Von der Bergstation der Sesselbahn Tschagguns – Grabs auf dem Tobelseeweg
Rot bez. 2¾ – 3½ Std.

Von der Bergstation (Bild 22) nach S empor auf Hochegga. Bei Wegzeiger rechts in den Wald und auf Alpweg zur Alpe Alpila, 1 Std. (Abzweigung nach links zur Tschaggunser Mittagspitze, s. R 195). In südl. Richtung über Alpweiden zum Tobelsee (50 Min.) und hinauf zum Schwarzhornsattel, 2166 m. Jenseits nach O hinab, rechtshin unter der O-Flanke des Schwarzhorns nach S und hinauf (Bild 25) zur Hütte.

● 238 Von Schruns-Tschagguns durch das Gampadelstal
Bis Ziegerberg mit Kfz möglich. 4½ – 5 Std.

Auf Fahrweg von Tschagguns über Ziegerberg ins Gampadelstal, an der Gampadelsalpe, 1663 m, und der Materialseilbahn-Talstation vorbei, auf dem Fahrweg weiter talaufwärts, zuerst westl., dann (kürzer!) östl. des Baches zur Oberen Tilisuna-Alpe, 1966 m, und steil im Bogen nach W hinauf in die Hochmulde nördl. des Grubenpasses. Nach NW (Bild 25) flach zur Hütte hinüber.

Bild 25: Die Sulzfluh, *2818 m von Nordosten (Blickrichtung Südwest) mit Tilisunahütte (TH) und -see (TS).*
1 = Seeweg, Zugang aus dem Gampadelstal. 2 = Tobelseeweg von der Bergstation Grabs (R 237). 3 = Plasseggaweg durchs Gampadelstal (R 238). 4 = übers Tilisunafürkli (TF) nach Partnun (R 251). 5 = Anstieg zur Sulzfluh (R 242). 6 = Rachen (R 225). 7 = Verspala. 8 = Bilkengratweg ins Gauertal zur Lindauer Hütte (Rätikon-Höhenweg, R 612/613). *Luftbild: Franz Thorbecke*

● 239 **Von Partnun über die Gruben**
Siehe R 486. 1½–2 Std.

● 240 **Von Gargellen über Sarotla- und Plasseggajoch**
Rätikon-Höhenweg, s. R 615.

13. Tourengebiet der Tilisunahütte

Durch ihre große Höhenlage und die weitläufigen Möglichkeiten ist die Tilisunahütte ein idealer Ausgangspunkt.

● 241 **Sulzfluh,** 2818 m

Diese mächtige Kalkburg ist nach S und W durch riesige Wandfluchten begrenzt, von N (und O) her aber ohne Schwierigkeiten zu ersteigen. Großartiger Aussichtsberg.

● 242 **Von der Tilisunahütte über das Karrenfeld**
Ohne Schwierigkeiten; herrliche hochalpine Wanderung. 2¼–2¾ Std. Bild 25.

Von der Tilisunahütte auf gutem Weg nach W und SW auf das Karrenfeld und in SW-Richtung gegen den Gipfel. Mühelose Wanderung über den breiten, durch Steinmännchen markierten Hochrücken. Von rechts und links münden die Anstiege aus dem Rachen und Gemstobel ein. Über das Gipfelfirnfeld und zuletzt von W nach O zum Gipfel.

● 243 **Weißplatte,** 2630 m, **Scheienfluh,** 2627 m

Die mächtige Kalkfluh mit den beiden Gipfeln bildet das Gegenstück zur Sulzfluh. Nach W teils mauerglatte Abstürze, nach O und NO leicht ersteigliche Abdachungen.

● 244 **Von Norden und Nordosten**
I und leichter. 1¼ Std. vom Einstieg. Bild 26.

a) Von der Tilisunahütte in ½ Std. auf dem Weg zum Plasseggajoch (R 614) an die N-, O- oder SO-Seite des Bergstockes.
b) Man ersteigt ihn – mehrere Möglichkeiten – unschwierig über gutgestuften Kalk (Steindauben-Markierungen). Beim Übergang von einem Gipfel zum anderen wird der nach N und O überhängende Gipfelblock der Scheienfluh ostseitig absteigend umgangen.

● 245 **Tilisuna-Schwarzhorn,** 2460 m

Im NW über dem Tilisunasee gelegener Gipfel ohne ganz einfachen Anstieg.

Bild 26: Scheienfluh und Weißplatte *von Nordosten (Blickrichtung Südwest). 1 = Übergang Tilisunahütte — Gargellen (Rätikon-Höhenweg; R 614/615) über das Plasseggajoch (PJ), links. 2 = Scheienfluh. 3 = Weißplatte. 4 und 5 = Aufstiege R 243 und R 484.* *Foto: G. Flaig*

● **246** **Südgrat**

II (einige Stellen), überwiegend I. Lohnende Kletterei von der Tilisunahütte in festem, gutgestuftem Urgestein. Tiefblicke ins Gauertal und auf den Tilisunasee. 1 – 1¼ Std.

● **247** **Tilisuna-Seehorn,** 2342 m

Leichte und lohnende Gipfelwanderung, 1 Std.

Von der Tilisunahütte südl. am See vorbei in die Einsattelung zwischen Seehorn und dem südl. vorgelagerten grünen Montedona. Über Grashalden und Felsstufen rechts aufwärts zum Gipfel.

● **248** **Nördliche Sarotlaspitze,** 2545 m, **Innerer (Südlicher) Platinakopf,** 2505 m, **Äußerer (Nördlicher) Platinakopf,** 2416 m
Im Platina-Sarotlakamm südl. des Gweiljochs. Unschwierig (leichte Kletterei) in beiden Richtungen dem Grat entlang zu überschreiten. Trittsicherheit erforderlich.

Von der Tilisunahütte wie bei R 614 (Rätikon-Höhenweg) in Richtung Plasseggajoch. Bei Wegteilung (P. 2242) nach SO hinauf ins Seejöchli. Von hier Überschreitung sämtlicher Gipfel von S nach N: Unschwierig auf die Nördl. Sarotlaspitze, durch ihre W-Flanke hinab und Querung zum Sattel vor dem Inneren Platinakopf. Überschreitung beider Platinaköpfe und Abstieg zum Gweiljoch. Abstieg über die steile W-Flanke und quer übers oberste Gampadelstal zurück zur Hütte.

● **249** **Von der Tilisunahütte zur Lindauer Hütte auf dem Bilkengratweg**
2½ Std. Rätikon-Höhenweg s. R 613.

● **250** **Von der Tilisunahütte nach Gargellen**
Über Plassegga- und Sarotlajoch 3½–4 Std. Rätikon-Höhenweg s. R 614.

● **251** **Von der Tilisunahütte nach Partnun (– St. Antönien)**
Kürzester Übergang in die Schweiz durch die Gruben. 1½ Std. (bzw. 2½–3 Std.).

Von der Hütte in wenigen Min. nach S hinauf zum Tilisunafürkli, 2226 m, Grenze Österreich – Schweiz. Jenseits hinab durch die Gruben, entweder an ihrem W-Rand (steiler, kürzer) oder O-Rand (bequemer), zum Partnunsee und rechts vorbei nach Partnun-Stafel (oder weiter talaus nach St. Antönien).

● **252** **Von der Tilisunahütte über den Schwarzhornsattel zur Bergstation Grabs** (– Tschagguns)
Aussichtsreicher Höhenweg, zugleich auch (mit dem Grabser Lift) kürzester und bequemster Abstieg ins Montafon. 2–2½ Std., bzw. 3½–4 Std.

Von der Tilisunahütte nach N hinab und nach 300 m bei Wegteilung links gerade nach N am O-Fuß des Schwarzhorns flach entlang (bei 2 späteren Wegteilungen stets links bleiben) und kurz aber steil hinauf zum Schwarzhornsattel, 2166 m, nördl. vom Schwarzhorn. Jenseits auf der Gauertalseite nach N hinab über den Tobelsee, 2041 m, und

Mottabella, 1844 m, zur Alpe Alpila, 1688 m. Weiter nach N, bald durch Wald, zur Hochegga hinaus und durch eine Lichtung steil hinab zur Bergstation Grabs, 1365 m, der Sesselbahn Tschagguns-Grabs (Ghf.); Talfahrt mit Lift (Fußabstieg über Ziegerberg nach Tschagguns 1¼–1½ Std. Variante (lohnend): Vom Schwarzhornsattel auf Steiglein (besonders lohnend) über den Walser Alpjochgrat (Verbindungsgrat Schwarzhorn – Tschaggunser Mittagspitze) nach N zur Tschaggunser Mittagspitze. Abstieg nach W über Alpe Alpila und nach Grabs.

● 265 Gargellental

Das Gargellental mündet bei St. Gallenkirch in die Ill. Gargellental und Schlappiner Joch, 2203 m, trennen den Rätikon im W von der Silvretta im O.

● 266 Gargellen im Montafon, 1423 m

Mit Ortsteil und Hotel Vergalden, 1550 m, 20–30 Min. talein. Bekannter Sommerferienort und Wintersportplatz. Zahlreiche Hotels, Gasthöfe und Privatquartiere. Postamt, Bank, Lebensmittel- und Sportgeschäfte, Postautolinie Schruns – Gargellen. Auskunft und Zimmervermittlung: Verkehrsamt A-6787 Gargellen, Telefon: (0 55 57) 63 03. Etappenort der dreitägigen Madrisa-Rundtour.

● 267 Schafbergbahn

Doppelsesselbahn (Sektion I) von Gargellen, 1424 m, auf die Gargellner Alpe, 1732 m, Höhenunterschied 300 m. Sektion II auf das Schafbergplateau, 2100 m. Bei der Bergstation Imbißstube. Tel. (0 55 57) 63 50.

● 268 Madrisahütte, 1660 m

Selbstversorgerhütte der Sektion Karlsruhe des DAV. Im Valzifenztal gelegen. 15 M., 5 L., Kochgelegenheit, Holz und Geschirr vorhanden. Schlüsselausgabe: „Das kleine Hotel“, Gargellen, Tel. (0 55 57) 63 86.

Zugang:

● 269 Von Gargellen
1 Std.

Von Gargellen in etwa ½ Std. taleinwärts Richtung Hotel Vergalden. Vom Hotel Vergalden ins Valzifenz. 200 m vor der Unteren Valzifenzalpe rechts und über den Bach zur Hütte am Waldrand. ½ Std. Das

Tourengebiet und die Übergänge sind unter Gargellen (R 270–278) beschrieben.

14. Tourengebiet Gargellen und Madrisahütte

● 270 Zur Tilisunahütte
4½–5 Std. Rätikon-Höhenweg s. R 615.

● 271 Nach St. Antönien im Prättigau über das St. Antönier Joch, 1420 m
4–4½ Std.

Bez. Weg von der Kirche nach W über Rüti-Gargellentobel zum St. Antönier Joch, 2379 m; Grenze Österreich – Schweiz, 2½ Std., und jenseits (Bild 37) hinab nach St. Antönien. Bergfahrt mit der Schafbergbahn erspart 1–1½ Std. Aufstieg.

● 272 Nach Klosters über das Schlappiner Joch
Rot-weiß bez. 4–4½ Std.

Von Gargellen-Vergalden nach S ins Valzifenztal. Nach 1 Std. Abzweigung vom breiten Weg, nach rechts über den Bach und auf Fußweg hinauf zum Schlappiner Joch, 2203 m, 1 – 1¼ Std. Grenze. Jenseits hinab nach Schlappin und Klosters (Bild 40).

● 273 Zur Tübinger Hütte über das Vergaldener Joch
Bez. Weg 4½ – 5 Std.

Vom Hotel Vergalden (Auto-Zufahrt) auf Fahrweg (aber Fahrverbot) zur Vergaldener Alpe. Auf bez. AV-Weg weiter, zuinnerst nach O hinauf zum Vergaldener Joch (Silvretta) und nach SO aufs Mittelbergjoch. Steil nach SO und S hinab und in weitem Bogen nach S, O und NO hinüber zur Tübinger Hütte, 2191 m.

● 274 Gafierjoch, 2415 m
Von der Sesselbahn-Bergstation am Schafbergplateau 1½ Std. Sehr lohnende Wanderung.

Von der Bergstation, 2100 m, auf Wegspur in SW-Richtung hinauf und immer südwestw. weiter in das Blockkar unter den Madrisa-N-Abstürzen. Am rechtsseitigen Hang auf Pfadspuren hinauf zum Joch. Weiter Ausblick auf den Südrätikon, Tiefblick ins Gafiertal und auf St. Antönien.

Bild 27: Die Rätikon-Flanke des Gargellentals, *vom Gampabingerberg aus. Blickrichtung Westsüdwest.*
1 = Rätikon-Höhenweg, Übergang von Gargellen zur Tilisunahütte, R 614/615: Aufstieg von Gargellen (links vom Bildrand) über Röbi-Maisäß (RM) — Mittlere Röbialpe (MRA) und Obere Röbialpe (ORA) zum Sarotlajoch (SJ) (und weiter über Plasseggajoch zur Tilisunahütte). In Gargellen beginnt bzw. endet der nördliche Rätikon-Höhenweg. T = Täscher. 2 = St. Antönier Joch. 3 = Riedkopf. 4 = Rotspitz. 5 = Vieregger. 6 = Röbispitzen. *Foto: G. Flaig*

● 275 Rundtour über den Riedkopf und Täscher

Unschwierig, lohnend. 5 – 6 Std.

Wie bei R 271 aufs St. Antönier Joch, 2½ Std. bzw., bei Auffahrt mit der Sesselbahn, 1 – 1½ Std. kürzer. Vom St. Antönier Joch auf blaugelb bez. Steig westseitig in 40 Min. auf den Riedkopf, 2552 m. Abstieg über den Täscher zur Mittelstation Gargellenalpe; Talfahrt oder über Rüti nach Gargellen, bis 2 Std.

● **276** **Rundtour über den Östlichen Gargellenkopf**
I (Stellen) und bez. alpiner Steig. Trittsicherheit erforderlich. 1¾ Std.

Von der Sesselbahn-Bergstation Schafbergplateau, 2100 m, auf bez. Steig nach N auf den Gratrücken und links nach W über den O-Grat empor auf den Östl. Gargellenkopf, 2482 m, 1 Std. Markierter Abstieg steil nach S und W in Gratscharte; weiter nach S und O hinab zur Bergstation, ¾ Std.

● **277** **Madrisa,** 2772 m

● **278** **Normalanstieg durch die Nordwestrinnen**
I (Stellen) und Gehgelände. Nur für Geübte. Bei Benützung der Gargellener Schafbergbahn kürzester Madrisaanstieg. 2½–3 Std. von der Bergstation.

Von der Bergstation der Sesselbahn auf Wegspuren in südwestl. Richtung hinauf und weiter Richtung Gafierjoch bis in das Blockkar unter den Madrisa-N-Abstürzen (kleiner Schmelzwassersee, 2327 m; großer Felsblock), 1 Std. Nun nach links über eine großblockige Geröllhalde an den Beginn des Rinnensystems der NW-Flanke. Hier nicht durch die große Rinne, die durchgehend bis zum Grat hinaufführt, sondern beim Felssporn nach links aufwärts queren, teilweise über Felsrippen ansteigend bis zu den Schnee- und Geröllfeldern des „Daches" und geradeaus zu einer kleinen Gratscharte westl. des Gipfelkopfes. Über dessen Blockstufen ohne Schwierigkeiten zum Gipfel.

B. Im Liechtensteiner Rätikon

Das Fürstentum Liechtenstein mit 160 qkm Fläche liegt gesamt auf Rätikonboden. Das Bergland Liechtensteins zählt zu den schönsten und lieblichsten Gebieten der Ostalpen – das ganze Land ist ein Juwel der Bergschönheit. Liechtenstein hat Zoll- und Währungsunion mit der Schweiz (Schweizer Franken). Verkehrslage: Die Talorte liegen im Rheintal; Bahnlinie Feldkirch (Österreich) über Schaan-Vaduz (Liechtenstein) nach Buchs (Schweiz). Postautolinien von Feldkirch und Buchs über Schaan nach Vaduz, von dort ins Oberland bzw. über Triesenberg in die Alpengebiete. Auskünfte und Prospekte durch die Liechtensteinische Fremdenverkehrszentrale, FL-9490 Vaduz, Tel. (075) 2 32 14 43. Das nördliche Liechtensteiner Unterland mit den Orten Schaanwald, 456 m, und Nendeln, 452 m, an der Bahnlinie Feldkirch – Buchs sowie Mauren, 470 m, Eschen, 450 m, und Bendern, 454 m, am Südfuß des Eschnerberges und Schellenberg, 626 m, auf seinem Höhenrücken haben keine unmittelbare Verkehrsverbindung zu den Höhenstationen im Rätikon. Zufahrt in die Berggebiete über Schaan-Vaduz.

● 300 **Schaan,** 450 m

Mit Bahnstation Schaan-Vaduz an der Linie Feldkirch – Buchs. Autobuslinien nach Feldkirch, Vaduz, Buchs und Planken. Straße nach Planken. Hotels und Gasthöfe, Jugendherberge, Geschäfte aller Art. Information durch FV-Zentrale in Vaduz, Tel. (075) 2 32 14 43.

● 301 **Planken,** 786 m

Auf einer Hochstufe über dem Rheintal, in der NW-Flanke der Drei-Schwestern-Kette (Bild 2). Autostraße von Schaan, Fußweg von Nendeln. Hotel Saroja, 22 Betten, Tel. (075) 3 73 15 48.
Ausgangspunkt für Gafadurahütte und Zugang zum RHW (Drei-Schwestern-Steig). Auskünfte: Gemeindeamt, Tel. (075) 3 73 32.

● 302 **Gafadurahütte,** 1428 m

Eigentum des Liechtensteiner Alpenvereins, an der Rätikon-W-Abdachung, über dem Rheintal oberhalb Planken gelegen (Bild 2). 55 Schlafplätze. Bew. von Mitte Juni bis Ende September. Tel. (075) 3 73 24 42.

Zugänge:

● 303 **Von Planken**

Fahrweg bis zur Hütte. Ab „Dachsegg“, etwa 1,5 km oberhalb Planken, Fahrverbot. 2 Std. Fußweg ab Planken ½ Std. kürzer.

● 304 **Von Schaanwald**

Über Paulahütte (Wegmacherhütte) und Alpzinken 3 Std.

● 305 **Vom Feldkircher Haus** auf dem Vorderälpele

1½ –2 Std. Siehe R 8.

1. Tourengebiet der Gafadurahütte

● 306 Von der Gafadurahütte über den Drei-Schwestern-Steig und Fürstensteig nach Gaflei – Silum
4–5 Std.

Von der Hütte bzw. von der Alpe Gafadura in 35–40 Min. östl. empor zum Sarojasattel, 1628 m (Grenze Liechtenstein – Österreich). Jenseits weiter auf dem Drei-Schwestern-Steig (Rätikon-Höhenweg), s. R 600.

● 307 Von der Gafadurahütte zum Feldkircher Haus auf dem Vorderälpele
1½ Std.

Entweder wie bei R 306 zum Sarojasattel oder direkte Wegverbindung von der Hütte nach NO hinauf zur Grenze. Jenseits übers Hinter- zum Vorderälpele und zum Feldkircher Haus.

● 315 Vaduz, 457 m

Hauptort des Fürstentums Liechtenstein, Sitz der Regierung und des Fürsten von Liechtenstein. Über dem Ort das Schloß Vaduz. Bedeutender Fremdenplatz in besonders schöner Lage, um fast 2000 m von den Rätikonbergen überragt. Sitz des Liechtensteiner Alpenvereins. Direkte Autobuslinie nach Feldkirch, Buchs, ins Oberland sowie nach Triesenberg – Masescha – Gaflei und Steg – Malbun. Hotels, Gasthöfe und Pensionen. Informationen und Zimmernachweis durch die Liechtensteinische Fremdenverkehrszentrale, FL-9490 Vaduz, Tel. (075) 2 32 14 43.

● 316 Triesenberg und seine Höhenstationen (Bild 3).

Die Höhenorte an der Berglehne hoch über dem Rheintal sind Glanzpunkte der Alpenwelt. Die Touren im Drei-Schwestern- und Rappensteinkamm mit ihren Tief- und Ausblicken können von allen beschriebenen Standorten aus unternommen werden. Durchwegs günstige Tourenstandorte für den gesamten Weströtikon mit guten Fahrverbindungen untereinander. Auskünfte: Verkehrsverein FL-9497 Triesenberg, Tel. (075) 2 62 19 26.

● 317 Triesenberg, 884 m

Ferienort und weitgestreute Berggemeinde in besonders günstiger und schöner Lage oberhalb Vaduz-Triesen. Autostraße Triesen oder Vaduz (– Triesenberg) – Masescha – Gaflei oder Silum bzw. Steg – Malbun.

Bild 28: Die Falknisgruppe *im schweizerischen Südwesträtikon vom Vilan aus. Blickrichtung Nordwest.*
Hier beginnt bzw. endet der südliche Rätikon-Höhenweg mit seinen beiden Varianten: 1 = Alpweg von der Älplibahn-Bergstation (und von Jenins) über die Alpböden von Ortasee zum Kamm (K), R 602 a. 2 = von Luziensteig durchs Gleggtobel führt über den Sattel des Gleggkamm (GK) herauf der Zugang R 602 b. Die beiden Zugänge vereinigen sich bei der Maienfelder Bad-Alpe (BA). 3 = Weiterweg zur Schesaplanahütte (R 602 c; Bild 29 und 30). 4 = Gleggborn, 2450 m. 5 = Schwarzhorn, 2346 m. 6 = Falknis, 2560 m, R 413. 7 = Vorder Grauspitz, 2599 m. 8 = Fläschertal (R 413). *Foto: G. Flaig*

Ausgangsort für die gesamten Liechtensteiner Alpen. Sehenswertes Walsermuseum. Lebensmittelgeschäfte, Touristenproviant. Mehrere Alpengasthöfe, Privatquartiere. Auskünfte: Verkehrsverein FL-9497 Triesenberg, Tel. (075) 2 62 19 26. Tourengebiet s. R 323 – 331.

● 318 **Masescha,** 1254 m

Hochstufe an der Straße von Vaduz bzw. Triesen – Triesenberg (– Masescha) – Gaflei bzw. Silum. Besonders schöne Balkonlage. Alpengasthaus in Betrieb, aber dzt. keine Unterkunft.

● 319 **Gaflei,** 1483 m

Ausflugsstation und Feriensiedlung auf bewaldeter Hochstufe oberhalb Triesenberg am W-Hang der südl. Drei-Schwestern-Kette. Alprestaurant Gaflei, Tel. (075) 2 62 60 62 und (079) 6 42 44 69. Unterkunft auf Anfrage. Eine der landschaftlich schönsten Lagen im ganzen benachbarten Alpenraum. Autozufahrt über Triesenberg – Masescha. Tourengebiet s. R 323 – 331.

● 320 **Silum,** 1469 m

Alpengasthof und Feriensiedlung oberhalb Triesenberg – Masescha, in prächtiger Hochlage. Autozufahrt über Triesenberg – Masescha. Günstiger Stützpunkt am Rätikon-Höhenweg. Eigener Lebensmittelladen. 21 B., 40 M., Tel. (075) 2 62 19 51. Tourengebiet s. R 323 – 331.

● 321 **Steg,** 1303 m

Alpiner Sommer- und Winterferienort im Oberen Saminatal, s. auch R 15. Autostraße und Postautoverbindung von Vaduz bzw. Triesen über Triesenberg (– Steg) – Malbun. Skilift. Hotel Steg, 24 Betten, Tel. (075) 2 63 21 46, Ferienchalets. Auskünfte Verkehrsverein Triesenberg, Tel. (075) 2 62 19 26. Am Rätikon-Höhenweg; Tourengebiet s. R 323 – 331.

● 322 **Alpengasthof Sücka,** 1402 m

Nordwestl. oberhalb Steg im Saminatal. Zufahrt am besten über Steg auf schmaler Bergstraße. 15 B., 38 M., bew. von Mai bis Oktober. Tel. (075) 2 63 25 79. Tourengebiet s. R 323 – 331.

2. Tourengebiet von Triesenberg

Das Tourengebiet von Triesenberg und seinen Höhenstationen ist nachfolgend zusammengefaßt beschrieben. Diese Höhenorte sind durch ein weitläufiges Wege- und Straßennetz mit zahlreichen, großteils sehr bequem begehbaren Wanderwegen unter sich verbunden. Weite Aus- und Tiefblicke! Gaflei, Silum, Sücka und Steg liegen am Rätikon-Höhenweg, s. R 600 bis R 603. Dieses Teilstück des Rätikon-Höhenweges ist ein idealer Wanderweg, der beim Kulm (durch den oberen Tunnel) ins Saminatal hinüberwechselt. Er kann über Sücka und die Alpe Gapfahl bis in den innersten Samina-Talgrund fortgesetzt werden. Bequemer Rückweg über Valünaalpe nach Steg.

● **323** **Alpspitz,** 1943 m, **Hehlawangspitz,** 1999 m

Der Alpspitz erhebt sich im NO oberhalb Gaflei, ein eingesenkter, mit Latschen bestandener Grat führt zum Hehlawangspitz. Von Gaflei 1½ Std. Bild 3.

Von Gaflei auf bequemem Alpweg (nach ¼ Std. Einmündung des Weges von Silum her) über Bargellaalpe (½ Std.) zum Bargellasattel, 20 Min. Durch die SO-Flanke des Alpspitz in die Einsattelung zwischen den beiden Gipfeln (50 Min.) und dort in jeweils 10 bis 15 Min. auf deren höchste Erhebung. (Durch die Jochsenke zwischen den beiden Gipfeln führt der Steig nordseits hinab in den Gafleisattel, auf dem der Fürstensteig von und bis Gaflei umgangen werden kann.) Trittsichere Geher können die oben geschilderte Tour als Rundtour mit Abstieg über den Fürstensteig vollenden: Abstieg aus der Jochsenke zwischen Alpspitz und Hehlawangspitz zum Gafleisattel ½ Std., vom Gafleisattel über den Fürstensteig nach Gaflei 1 Std.

● **324** **Rappenstein,** 2221 m

Besonders lohnender Gipfel. Von Sücka – Kulm 3¼ Std. Weiß-rot-weiß bez. Siehe auch R 325.

Vom Alpengasthof Sücka in mäßiger Steigung übers „Älple" (¾ Std.) auf den aus dem Saminatal heraufführenden Fahrweg (35 Min.). Auf ihm über Gapfahl-Obersäß (½ Std.) zum Rappensteinsattel (40 Min.) und – ab hier Trittsicherheit erforderlich – über eine kurze Steilstufe auf den Grat und über ihn ohne Schwierigkeit zum Gipfel. Man kann die Gratwanderung ohne Schwierigkeit bis zum Gipfel des südl. vom Rappenstein sich erhebenden Hochspicler, 2226 m, fortsetzen, ½ Std.

● **325** **Überschreitung des Rappensteinkammes vom Kulm bis zum Rappenstein** (Hochspieler)

Aussichtsreiche Gratwanderung. Für Geübte ohne Schwierigkeiten. 5½–6 Std.

Vom O-Ausgang des Kulm-Tunnels (wenige Min. oberhalb Alpengasthof Sücka) taleinwärts und auf den Grat. Über Heubühl (Bild 3), 1908 m, Bödele, 1913 m, und Kulmi, 1993 m (von hier günstige Abstiegsmöglichkeit ins Saminatal) zum Goldlochspitz, 2110 m. Auf luftigem, schmalem Grat Übergang zum Rappensteinsattel und über den Rappenstein,

2221 m, zum Hochspieler, 2226 m. Zurück zum Rappensteinsattel und Abstieg nach O (Saminaseite) über Gapfahl-Obersäß zur Sücka oder nach Steg, vom Rappensteinsattel 2¼ Std.

● **326** **Von Steg zum Berghaus Mattajoch auf der Gampalpe**
Von Malbun aus 3 Std. Siehe R 347.

Das Mattajoch erreicht man auch durchs Valorsch: Von Steg auf Alpweg sanft ansteigend ins Valorschtal. Über Güschgle, 1481 m, hinauf zur Matta-Alp, 1745 m, und weiter wie bei R 347 übers Mattajoch.

● **327** **Von Steg auf den Schönberg,** 2104 m
Überschreitung mit Abstieg nach Malbun. Von Steg zum Gipfel 2–2¼ Std.; Abstieg nach Malbun 1½ Std. Siehe auch R 349.

Von Steg ins äußere Malbuntal. Einige Min. nach dem Kirchlein von Steg (Wegzeiger) Abzweigung nach links hinauf; Fußpfad über Bergle und durch die W-Flanke der Drei Kapuziner auf den SW-Grat des Schönberg und über ihn zum Gipfel. Abstieg über die grüne SO-Flanke (Bild 6) zum Sass-Fürkle (¾ Std.) und wie bei R 27 b oder c nach Malbun, ½ Std.

● **328** **Von Steg auf den Galinakopf,** 2198 m
Rundtour mit Abstieg nach Malbun. Von Steg zum Gipfel 3½ Std.

Von Steg wie bei R 326 durchs Valorsch zum Mattafürkle, 1840 m, in 25 Min. nach N zum Guschgfieljoch (Gamperhöhe; Bild 4) und auf Fußweg durch Legföhren in die S-Flanke. Auf Steigspuren zum Gipfel, ¾–1 Std. Abstieg nach Malbun: Vom Mattafürkle südw. unters Mattajoch und weiter wie bei R 27 nach Malbun.

● **329** **Von Gaflei über Silum – Sücka – Steg nach Malbun**
2½ Std. Rätikon-Höhenweg, s. R 602.

● **330** **Von Steg zur Pfälzer Hütte**
2½ Std. Siehe R 361.

● **331** **Von Gaflei über den Drei-Schwestern-Steig zum Feldkircher Haus oder nach Planken.**
4½–5½ Std. Rätikon-Höhenweg, s. R 601.

● 340 **Malbun,** 1600 m

Beliebter Sommerluftkurort und Wintersportplatz im Malbuntal (östl. Seitental des Saminatales). Autostraße Vaduz oder Triesen über Triesenberg – Steg, 14 km. Postautolinie. Malbun liegt am Rätikon-Höhenweg. Hotels, Gasthöfe, Ferienchalets. Lebensmittel, Touristenproviant. Auskünfte und Zimmervermittlung: Verkehrsamt FL-9497 Malbun, Tel. (075) 2 63 65 77.

● 341 **Doppelsesselbahn Malbun – Sareiser Joch,** 1605–2015 m

Die Sesselbahn erspart 400 Höhenmeter Aufstieg. Ausgangspunkt zum Übergang in den Nenzinger Himmel oder über den Augstenberg zur Pfälzer Hütte. Bild 6. Betriebszeiten: Anfang Mai bis Ende Oktober. Tel. (075) 2 63 28 08.

Zugänge nach Malbun:

● 342 **Von Gaflei–Silum über Steg**
$2^1/_2$ Std. Rätikon-Höhenweg, s. R 602.

● 343 **Vom Nenzinger Himmel über das Sareiser Joch**
$2^1/_2$–3 Std. Rätikon-Höhenweg, s. R 605.

● 344 **Von der Pfälzer Hütte**
$1^1/_2$–$2^1/_2$ Std. Siehe R 368 und R 370.

● 345 **Vom Berghaus Mattajoch**
$2^3/_4$–$3^1/_4$ Std. Siehe R 27.

3. Tourengebiet von Malbun

● 346 **Von Malbun in den Nenzinger Himmel über das Sareiser Joch**
2–$2^1/_4$ Std. Rätikon-Höhenweg, siehe R 604.

● 347 **Von Malbun zum Berghaus Mattajoch über das Mattajoch**
$2^1/_4$–$2^3/_4$ Std.

Von Malbun einige Min. auf der Straße talaus. Rechts Abzweigung des Fahrweges über Sass (1646 m; $^1/_2$ Std., hierher vom Kirchlein in Malbun auch über die „Fluh“) zum Sass-Fürkle (1764 m; 10 Min.; Abzweigung links zum Schönberg). Jenseits auf bequemem Weg (Bild 5) über die Alpe Matta bis südl. unter das Mattajoch (links nach N zum

Guschgfieljoch – Galinakopf). Hinauf ins Mattajoch, ¾ Std. (Grenze Liechtenstein – Österreich), jenseits nach N hinab und über die Matleralpe zur Inneren Gampalpe, 1503 m. Sanft ansteigend zur Äußeren Gampalpe und zum Berghaus Mattajoch.

● **348** **Von Malbun nach Silum – Gaflei über Steg – Sücka**
2½ Std. Rätikon-Höhenweg, s. R 603.

● **349** **Schönberg,** 2104 m
2 – 2¼ Std. Siehe auch R 327.

Von Malbun wie bei R 347 aufs Sass-Fürkle, 40 Min. Im Fürkle Abzweigung nach links und erst in der S-, dann in der N-Flanke des Stachlerkopf-O-Ausläufers (Bild 6) nach W hinüber in die grüne Mulde südl. unter der Schönbergflanke. Über die Alpweiden seiner SO-Flanke in ¾ Std. zum Gipfel.

● **350** **Galinakopf,** 2198 m
3 – 3½ Std. Bild 4.

Wie bei R 347 bis südl. unter das Mattajoch, hinüber ins Mattafürkle und nach N in 25 Min. zum Guschgfieljoch (Gamperhöhe). Auf Fußweg in die S-Flanke und auf Steigspuren zum Gipfel, ¾ – 1 Std.

● **351** **Scheienkopf,** 2159 m
2¼ – 2½ Std. Bild 5.

Wie bei R 347 in 1½ Std. bis südlich unterhalb des Mattajochs, durch Legföhren zum Roßboden hinauf und durch die mittlere, durchgehende Latschengasse empor auf das Gipfeldach und den Gipfel des Scheienkopf-Grenzecks, ¾ – 1 Std. Aufstieg ziemlich verwachsen, Begehung mühsam.

● **352** **Von Malbun zur Pfälzer Hütte durch das Vaduzer Täle**
2¼ Std. Bild 6.

Von Malbun südwestw. hinauf zu den Hütten von Pradamé, dann links südostw. hinüber ins Vaduzer Täle und steil nach S hinauf zur Tälehöhe, 2056 m, 1¼ Std. Jenseits südl. hinab ins Hundstäle und zur Alpe Gritsch. Weiter auf gutem Weg zur Pfälzer Hütte.

● **353** **Rundtour: Von Malbun über den Augstenberg,** 2359 m, **zur Pfälzer Hütte und zurück nach Malbun**
Höhenweg, großartige Gipfel- und Rundwanderung; für Geübte ohne Schwierigkeiten, Bild 6, 7 und 9. Insges. 4½ Std.

a) Von Malbun auf gutem Alpweg nach SO schräg am Hang talein (Rätikon-Höhenwg) aufs Sareiser Joch. 2000 m, 3/4 – 1 Std. Die Sesselbahn erspart 400 Höhenmeter Aufstieg und 1/2 Std. Gehzeit.
b) Vom Joch auf bez. Weg durch die W-Flanke des Spitz und über den NO-Rücken auf den Augstenberg, 1 – 1 1/2 Std. vom Joch. Abstieg nach SO (Richtung Gorfion; leichter als der direkte S-Grat-Abstieg) und S auf gutem Steig zur Pfälzer Hütte, 1/2 – 3/4 Std. Zurück nach Malbun s. R 370, 1 1/2 Std.

● **360** **Pfälzer Hütte,** 2108 m

Eigentum des Liechtensteiner Alpenvereins. Auf dem Bettlerjoch nördl. des Naafkopfes, an der Grenze Österreich – Liechtenstein gelegen. 17 B., 100 M., bew. von Mitte Juni bis Ende September. Tel. (0 75) 2 63 36 79. SOS-Telefonverbindung, auch wenn die Hütte geschlossen. Winterraum im Nebengebäude. Kein Schlüssel erforderlich. S. auch Bild 7.

Zugänge:

● **361** **Von Steg aus dem Saminatal**
2 1/2 – 3 1/4 Std. auf Fahrweg (Fahrverbot). Siehe auch R 321.

Von Steg aus auf die W-Seite vom Saminabach und Stausee und auf breitem Weg südl. talein nach Valüna-Obersäß (1 Std.) und über Gritsch (1 Std., Bild 7) in einer weiteren 1/2 Std. zur Hütte.

● **362** **Von Gaflei – Silum über Sücka – Gapfahl**
4 Std. Variante zum Rätikon-Höhenweg, den man im Nenzinger Himmel wieder erreicht.

Von Gaflei über Silum auf dem Rätikon-Höhenwg (R 602) bis Sücka. Westseitig über dem Saminatal südw. talein über das „Älple“ und die Alpe Gapfahl in den Samina-Talgrund und (Bild 7) ostw. hinauf durch das Gritschner Naaf zur Hütte.

● **363** **Von Malbun durch das Vaduzer Täle**
2 1/2 Std. Siehe R 352, Bild 6.

● **364** **Vom Nenzinger Himmel**
2 1/2 – 3 Std. Bild 8.

Von der Wegkreuzung zwischen den Gasthöfen im Nenzinger Himmel auf Fahrsträßchen südwestw. talein. Durch die bewaldete Bachschlucht bis an ihr Ende (1/2 – 3/4 Std.). Auf Steg rechts über den Bach und auf

Bild 29: Die Schesaplanagruppe *und die Wegverbindungen der Rätikon-Südseite, vom Vilan aus gesehen. Blickrichtung Nordost.*
1 = Wegverbindung R 620 (Rätikon-Höhenweg) von der Malanser Älplibahn bzw. von St. Luziensteig (siehe auch Bild 28 und 30) über Sanalada (S) zur Schesaplanahütte (SH; im Kreis). 2 = Fortsetzung des Rätikon-Höhenweges R 622/623 von der Schesaplanahütte Richtung Garschinahütte. 3 = Zugänge von Seewis (— Ganei = Cani) zur Schesaplanahütte. 4 = Übergang zur Pfälzer Hütte (R 440). SJ = Salarueljoch oder Kleine Furka. 5 = Liechtensteiner Höhensteig, R 373. 6 = Verbindungsweg Schesaplanahütte — Liechtensteiner Höhensteig. 7 = Schweizer Steig R 436. 8 = Panüeler Schafberg; GL = Gamslücke. 9 = Kanzelköpfe; VA = Valser Alpweg. Der Schesaplana-Gipfel ist von Wolken verdeckt.
Foto: G. Flaig

Fußpfad weiter. Nach 2 Min. rechts in den Wald und in Zickzacks empor. Nach ¼ Std. aus dem Wald auf die Alpweide. In weiteren Serpentinen dem Waldrand entlang, unter den Felsen des Gorfion-Ausläufers hinauf und am Hang schräg hinauf zur Hütte.

● 365 **Von der Mannheimer Hütte über den Liechtensteiner Höhensteig.**
3½–5 Std. Siehe R 115.

● 366 **Von der Schesaplanahütte**
3 Std.

Ein guter, bez. Touristenweg führt von der Schesaplanahütte (Bild 31) in westl. Richtung unter den S-Abstürzen des Schesaplanastockes entlang fast eben in 1½ Std. bis südl. unter das Sarueljoch und trifft damit auf den Liechtensteiner Höhensteig. Weiter auf diesem, s. R 115.

4. Tourengebiet der Pfälzer Hütte

● 367 **Naafkopf,** 2571 m
Dreiländerspitze zwischen Liechtenstein, Österreich und der Schweiz. Bild 8. Bevorzugte Aussichtslage. 1½ Std.

Von der Pfälzer Hütte auf Steiganlage gerade über den N-Grat ohne Schwierigkeiten zum Gipfel.

● 368 **Von der Pfälzer Hütte über den Augstenberg,** 2359 m, **nach Malbun**
Steiganlage, für Geübte ohne Schwierigkeit. Bild 7, 8 und 9. 2¼–2¾ Std.

Von der Pfälzer Hütte auf Steiganlage der O-Seite des begrünten Gratrückens entlang hinauf in ca. 1 Std. zum Gipfel des Augstenbergs. Jenseits über den NO-Rücken hinab, den Spitz in seiner W-Flanke querend zum Sareiser Joch, 2000 m, und westl. auf gutem Weg hinab in ½–¾ Std. nach Malbun.

● 369 **Rappenstein,** 2221 m
2½–3 Std. Siehe auch R 324.

Von der Pfälzer Hütte westw. hinab durchs Gritschner Naaf und westseitig talaus zur Alpe Gapfahl. In Kehren auf Gapfahl-Obersäß und weiter wie bei R 324 über den Rappensteinsattel zum Gipfel.

● 370 **Von der Pfälzer Hütte nach Malbun über Gritsch – Vaduzer Täle**
1½ Std.

Von der Hütte nordwestw. hinab zur Alpe Gritsch, 1897 m (Bild 7), ½ Std. Nordw. hinauf in 20 Min. zur Tälehöhe, 2056 m. Steil nordw.

hinab (Bild 6) ins Vaduzer Täle und über Pradamé nach Malbun, 40 Min.

● 371 Von der Pfälzer Hütte nach Silum – Gaflei

3½–3¾ Std.

a) (Fußwege, weniger Höhenverlust, lohnender) über Gapfahl: Von der Hütte westw. hinab durchs Gritschner Naaf (Bild 7), westseitig talaus über Alpe Gapfahl und Älple zum Alpengasthof Sücka und auf dem Rätikon-Höhenweg (R 603, Bild 3) weiter über Kulm nach Silum – Gaflei.

b) (Bessere Wege, etwas Höhenverlust.) Über Steg: Auf dem Fahrweg über Gritsch – Valüna nach Steg und über Sücka – Kulm nach Silum und Gaflei wie oben.

● 372 Von der Pfälzer Hütte in den Nenzinger Himmel

1¼–1½ Std. Ab Steg Variante zum Rätikon-Höhenweg. Bild 8.

Vom Bettlerjoch auf Fußpfad nach NO hinab, unter den Felsen der Gorfion-Ausläufer queren, Abstieg nach O in Serpentinen zum Wald und hinaus in den Nenzinger Himmel.

● 373 Von der Pfälzer Hütte auf dem Liechtensteiner Höhensteig zur Mannheimer Hütte

Sehr lohnender, landschaftlich großartiger Übergang. Hochalpine Steiganlage, nur für Trittsichere und Schwindelfreie mit alpiner Erfahrung. 4½–5 Std.

Von der Pfälzer Hütte (Bild 8) durch die Naafkopf-NO-Flanke nördl. unter dem Barthümeljoch (1 Std.) vorbei und zur Großen Furka (½ Std., Grenze Österreich – Schweiz). Jenseits (Bild 31) unter der Hornspitze nach O querend zu Wegteilung südl. unterhalb des Salarueljochs (Kleine Furka; rechts zur Schesaplanahütte). Links im Zickzack empor zum Salarueljoch (Grenze Schweiz – Österreich). Auf der (Schweizer) S-Seite nach O empor gegen den Schafberg. Im Zickzack auf den Grat und rechts aufwärts in die Flanke nach O. Bei Weggabelung nach links und in vielen Windungen empor unter den „Schwarzen Sattel“. Wenig ansteigend durch die S-Flanke des Salaruelkopfes und weiter auf ausgesetztem Steig bis zu dessen Ende dicht nördl. oberhalb des Schaflochsattels. Oberhalb des Sattels scharf links nach O in die Sattelmulde hinab (im NO die Mannheimer Hütte). Über den sanft abfallenden Gletscher nach NO an den Gletscherrand und über Felsstufen zur Hütte. Bei Gletschersumpf hält man sich vom Schaflochsattel ab mehr links und bleibt im Bereich der Felsausläufer des Panüeler Kopfes.

● 374 Von der Pfälzer Hütte zur Schesaplanahütte
Alpine Weganlage. 3 – 3½ Std.

Auf dem Liechtensteiner Weg wie R 373 bis zur Weggabelung südl. unterhalb des Salarueljochs, 2¼ Std., Bild 31. Rechts hinab und auf Schuttpfad unter den S-Abstürzen des Schesaplanastockes nach O über die Alpe Fasons zur Schesaplanahütte.

● 375 Von der Pfälzer Hütte über das Barthümeljoch in die Schweiz

Auf dem Liechtensteiner Höhensteig durch die Naafkopf-NO-Flanke (Bild 8) in 1¼ Std. zum Barthümeljoch. Man überschreitet es und steigt jenseits (Bild 30, 31) südwestw. hinab zu den Alpen Ijes und Stürfis (früher Walser Hoch- und Dauersiedlung). Nun entweder auf dem Rätkon-Höhenweg (R 621) rechts westw. über die Fläscher Alp Sarina, die Maienfelder Badalpe und den Kamm zur Bergstation der Maienfelder Älplibahn bzw. nach Maienfeld, oder von Stürfis links, östl. hinab nach Ganei und talaus nach Seewis – Grüsch im Prättigau.

● 385 Triesen, 512 m

3 km südl. Vaduz im Rheintal. Straße nach Triesenberg; Ausgangspunkt für Lawenatal. Gasthöfe, Motel, Camping, Ladengeschäfte, Information durch Gemeindeamt, FL-9495 Triesen, Tel. (075) 3 99 36 36.

● 386 Balzers, 474 m, **Mäls,** 474 m

Im Rheintal im südlichsten Liechtensteiner Oberland, zu Füßen des Falknis. Postautoverbindung mit Vaduz und (täglich drei Kurse) mit Sargans. Ausgangspunkt auch für die Schweizer Seite des Westrätikon.

● 387 Alpe Lawena, 1545 m

Oberhalb Triesen, im hintersten, schluchtartigen Lawenatal nördl. des Falknis. Fahrsträßchen von Triesen, Restaurant Mittagspitze, über den „alten Lawenaweg", jedoch Fahrverbot. Touristen-Unterkunftsräume im neuen Alpgebäude, Schlafplätze und kleinere Imbisse. Bew. während der Sommersaison über die Wochenenden, im Hochsommer auch während der Woche. Im Zweifelsfall in Triesen nachfragen.

Tourengebiet von Lawena: Auf Weg in 1½ Std. zum Rappensteinsattel (s. auch R 324 und 325) und Abstecher auf den Rappenstein und Hochspieler. Übergang ins Saminatal: Vom Rappensteinsattel Abstieg nach O zur Alpe Gapfahl; entweder talaus über Älple in 1¾ Std. nach Sücka und Steg, oder von Gapfahl nach S in den Samina-Talgrund und ostw. hinauf durch das Gritschner Naaf zur Pfälzer Hütte.
Aufstieg von Lawena zur Mazorahöhe, 2045 m, und Übergang nach Guscha und Luziensteig. Von der Mazorahöhe ist der Rotspitz, 2127 m, leicht erreichbar. Von der Mazorahöhe zum Falknis etwa 2½ Std.

C. Im Schweizer Rätikon

Der Haupt- und Grenzkamm des Rätikon verläuft vom Falknis bis zur Sulzfluh über etwa 25 km in W-O-Richtung, biegt dann – bei der Scheienfluh-Weißplatte – im rechten Winkel nach S um und setzt sich über weitere etwa 12 km fort bis zum Madrisahorn und zur Rätschenfluh. Seinen gewaltigen, teils 500 bis 600 m hohen Wandfluchten sind im S sanfte Schiefer-Vorberge vorgelagert. Ihre Alpregionen sind ein einzigartiges Wandergebiet. Von ihren begrünten Höhen aus – so besonders vom Vilan, vom Sassauna oder vom Kreuz – genießt man großartige Ein- und Ausblicke, die den gesamten Rätikon südl. des Hauptkammes umfassen. Durch diese Landschaft verläuft der südl. Rätikon-Höhenweg.
Die „Bündner Herrschaft“, in der SW-Ecke des Rätikon, zwischen Rhein und Landquart, von den Gipfeln der Falknisgruppe um nahezu 2000 Meter überragt, ist mit ihren malerischen Orten Maienfeld, Jenins, Malans und Fläsch und seinem milden Weinbau-Klima die wahrhaft „herrschaftliche“ Einfallspforte Graubündens.

● 400 **Luziensteig (St. Luzisteig),** 713 m

Landgasthof, Paßlandschaft und Straßenübergang aus dem Fürstentum Liechtenstein in die „Herrschaft“ Graubündens. Bester Ausgangspunkt für den Aufstieg zur Enderlinhütte und eigentlicher westl. Anfangs- bzw. Endpunkt des südl. Rätikon-Höhenweges. Aufstieg über Guscha (direkt oder über den Mittlerspitz) zur Mazorahöhe und weiter zum Falknis.

● 401 **Enderlinhütte,** 1501 m

Eigentum der Sektion Piz Sol Sargans, SAC. In der steilen Falknis-S-Flanke, auf Schweizer Gebiet gelegen. 46 M., bewartet von Pfingsten bis Oktober, an Wochenenden Getränke erhältlich.

Zugang:

● 402 **Vom Landagsthof St. Luzisteig**
2½ Std. Von Maienfeld, Jenins und Fläsch mit Kfz bis St. Luzisteig.

Etwa 500 m südl. des Landgasthofes Abzw. von der Hauptstraße. Aufstieg in den Gleggtobel und auf gutem Steig durch Wald empor bis auf eine Höhe von etwa 1000 m, dann links ab nach N über den Bach und steil durch Wald empor zur Hütte.

1. Tourengebiet der Enderlinhütte

● 403 **Falknis,** 2560 m
Bez. 3½ Std.

Von der Hütte wie bei R 404 zum Fläscher Fürggli (2247 m, 2¼ Std.) und auf gutem Steig durch die SO-Flanke und über den S-Rücken in 1–1¼ Std. zum Gipfel (Bild 30). Rätikon-Rundblick! Bitte auch R 413 nachlesen.

Übergänge:

● 404 **Zur Bergstation der Malanser Älplibahn**
Sehr lohnender Übergang. Aufstieg zum Fläscher Fürggli (steil!) nur für Geübte. 4½–5 Std. S. auch R 411.

Von der Hütte auf dem Enderlinsteig 300 Höhenmeter gerade empor; dann (ausgesetzt!) unter den Felstürmen waagrecht nach rechts und schließlich in der Fallinie durch die steile Grasflanke empor zum Fläscher Fürggli. Jenseits hinab ins Fläscher Tal (Bild 30), bis zum untersten Seelein, 1889 m, und südw. zur Fläscher Alp Sarina, 1809 m, 1¼ Std. Aufstieg auf gutem Weg über die Maienfelder Badalpe zum Kamm, ¾ Std. und in weiteren ¾ Std. hinab zur Bergstation.

● 405 **Zur Schesaplanahütte**
7 Std.

Von der Hütte wie bei R 404 übers Fläscher Fürggli zur Fläscher Alp Sarina, 1809 m, 3½ Std. Weiter auf dem Rätikon-Höhenweg wie bei R 620c in 3½–4 Std. zur Schesaplanahütte.

● 410 **Maienfeld,** 517 m

Das Städtchen Maienfeld, 517 m, und die Orte Jenins, 635 m, und Malans, 568 m, in der Bündner „Herrschaft“ sind Ausgangspunkte für den Westrätikon, vor allem für die Falknisgruppe mit dem Vilan und die Rätikondurchquerung auf dem südl. Rätikon-Höhenweg. Gasthöfe in allen Orten. Maienfeld ist Bahnstation der Linie Sargans – Chur, Malans liegt an der Linie der Rhätischen Bahn Landquart – Klosters.

● 411 **Älplibahn von Malans auf die Jeninser Alp**

Talstation 615 m, Bergstation 1802 m westl. vom Vilan. Höhenunterschied 1200 m, 3 Std. Aufstieg. Umgebaut 1982. Fahrzeit 12 Min., 2 Kabinen für je 4 Pers. Fahrten nach Bedarf. Voranmeldung Tel. (081) 3 22 47 64 (Talstation) oder 3 22 47 76. Die Bergstation ist wichtiger Ausgangspunkt für Touren im Westrätikon: Südl. Rätikon-Höhenweg, Vilan, Falknis.

2. Tourengebiet der Älplibahn-Bergstation

● 412 **Vilan,** 2375 m

Großartiger Aussichtsberg, ohne Schwierigkeiten. 2 Std.

Von der Bergstation auf gutem Weg nach W und N. Man kürzt ab und verläßt ihn nach 10 Min. (Wegzeiger): Der weiß-rot-weißen Markierung nach auf Pfadspuren nach rechts empor, bis man wieder auf den Weg trifft. Auf diesem bis zu Ww. (40 Min. von der Bergstation). Weglos rechts empor über die Alpweiden der N-Flanke am einfachsten links, östlich vom Gipfel auf den Grat und über diesen zum Gipfel.

● 413 **Falknis,** 2560 m

Neben dem Naafkopf schönster Aussichtsberg im Westrätikon, ohne Schwierigkeiten. 4½ Std.

Von der Älplibahn-Bergstation wie bei R 620 (Bild 30, Rätikon-Höhenweg) über den Kamm zur Fläscher Alp Sarina, 1809 m, 1½ Std. Nach N hinauf ins Fläschertal und an den drei Seelein vorbei nach W empor zum Fläscher Fürggli, 2247 m. Auf gutem Steig durch die SO-Flanke und über den S-Rücken in 1 – 1¼ Std. zum Gipfel.

● 414 **Zur Schesaplanahütte**

5¼ – 5¾ Std. Rätikon-Höhenweg, s. R 620.

● 420 Das Prättigau

Das Prätigau im schweizerischen Kanton Graubünden bildet mit der Landquart die südl. Bergrenzung des Rätikon. Talstraße und Bahnlinie der Rhätischen Bahn Landquart – Klosters – Davos. Südl. der Landquart das berühmte Skigebiet von Parsenn.

● 421 Seewis-Valzeina, 593 m

Bahnstation der Rhätischen Bahn, Straße und Postautolinie nach Seewis.

● 422 Seewis, 947 m

Am SO-Fuß des Vilan. Sommerferienort mit Gasthöfen, Pensionen und Chalets. Vermittlung durch Verkehrsbüro, CH-7299 Seewis, Tel. (081) 3 25 10 81. Wichtiger Standort und Ausgangspunkt für den Westrätikon: Schesaplanahütte, Vilan, Falknis-, Naafkopf- und Schesaplanagruppe.

● 430 Schesaplanahütte, 1908 m

Unter den S-Abstürzen des Schesaplanastockes (Bild 29, 31). 11 B., 70 M. Bew. von Mitte Juni bis Anfang Oktober, Tel. (081) 3 25 11 63, privat 3 25 15 47.

Zugänge:

● 431 Von Seewis
4 Std.

Auf Fahrsträßchen über Ganei (Cani), 1301 m, 1¾ Std. (Bild 29, 30), dann ostw. über Pudenal – Stägentobel bis zur Säge im O des Mottabühel, 1840 m, 1¾ Std., und in ½ Std. nach N auf Fußweg zur Hütte.

● 432 Von der Garschinahütte
4¼–4½ Std. Rätikon-Höhenweg, s. R 623.

● 433 Von der Douglasshütte
3½–4 Std., s. R 138.

● 434 Von der Pfälzer Hütte
2¾–3¼ Std., s. R 374.

3. Tourengebiet der Schesaplanahütte

● 435 Schesaplana, 2965 m

Höchste Erhebung des Rätikon; hervorragender Aussichtsberg.

Bild 30: Die Falknisgruppe *vom Sassauna. Blickrichtung Westnordwest. 1 = Rätikon-Höhenweg, R 620/621: Übergang von der Älplibahn-Bergstation über den Kamm (K) bzw. von Luziensteig über den Gleggkamm (GK) zur Maienfelder Bad-Alpe (M) und über Egg (E) — Sanalada (S) zur Schesaplanahütte. Siehe auch Bild Nr. 28 und 29. 2 = Zugang von Seewis über Ganei zur Schesaplanahütte, R 431. Der Aufstieg R 413 zum Falknis (5) verläuft über das Fläscher Fürkli (F). 4 = Glegghorn. 6 = Vorder Grauspitz, 2599 m. 7 = Schwarzhorn (Hinter Grauspitz), 2574 m; JF = Ijesfürkli, 2348 m. 8 = Naafkopf, 2570 m; BJ = Barthümeljoch, 2305 m. Links im Vordergrund der Westgratrücken des Sassauna; nach links zur Bergstation Eggli der Seilbahn in Fanas (Anschluß Bild 31).* *Foto: G. Flaig*

Bild 31: Der südliche Rätikon-Höhenweg *vom Sassauna. Blickrichtung Nordwest. (Anschluß von Bild 30 auf der linken Seite.)*
1 = Rätikon-Höhenweg R 620/621 von der Älplibahn-Bergstation bzw. von St. Luziensteig über die Maienfelder Alpen und Sanalada zur Schesaplanahütte (SCH.H. im Kreis). Siehe auch Bilder Nr. 28, 29 und 30. 2 = Zugang R 431 von Seewis zur Schesaplanahütte. 3 = Übergang R 440 von der Schesaplanahütte zur Pfälzer Hütte bzw. R 444 in den Nenzinger Himmel. 4 = Liechtensteiner Höhensteig (R 373 bzw. 115) von der Pfälzer Hütte über Große Furka (GF) und Salarueljoch (Kleine Furka) (SJ) zur Mannheimer (früher Straßburger) Hütte am Brandner Gletscher. 5 = Verbindungsweg von der Schesaplanahütte zum Liechtensteiner Höhensteig. 7 = Tschingel, 2541 m. 8 = Hornspitze, 2536 m. 9 = Schafberg, 2727 m. *Foto: G. Flaig*

Bild 32: Der Girenspitz-Sassauna-Grat *vom Sassauna aus. Blickrichtung Nordost. Der Übergang vom Girenspitz zum Sassauna (R 438) ist eine aussichtsreiche, luftige, für Geübte unschwierige Gratwanderung.*
1 = Pfävi, 2305 m. 2 = Tief-Sagettis, 2277 m. 3 = Hoch-Sagettis, 2285 m. FF = Fadurer Fürggli. 4 = Girenspitz, 2393 m. 5 und 6 = Kanzelkopf, 2442 m, und -wand, 2410 m. GJ = Gafalljoch (Cavelljoch). 7 = Roßberg. 8 = Kirchlispitzen und 9 = Zimba-Gipfel. *Foto: G. Flaig*

● 436 Von der Schesaplanahütte auf dem Schweizersteig
Kühne, hochalpine Steiganlage; Trittsicherheit und Bergerfahrung erforderlich. 3 – 3½ Std.

a) Von der Hütte steil auf den grünen Gratrücken nach NO hinauf, über ein schmales Felsband, auf Rasenhang schräg links empor in die Felsflanke. Querung des großen Felstobels, der die ganze Wand durchzieht. Jenseits in vielen Kehren durch die Wand empor und auf dem

„Schwarzen Gang“ fast eben nach O hin (Steinmann). Hinauf zum Schesaplanasattel, 2728 m, 2–2½ Std.
b) Weiter auf Steigspuren über den festen, schiefrigen Schutt der SW-Flanke in ¾–1 Std. zum Gipfel.

● 437 Naafkopf, 2571 m
Ohne Schwierigkeiten. 3½ Std.

Wie bei R 440 (Bild 31) über die Große Furka in Richtung Pfälzer Hütte bis nördl. unters Barthümeljoch, nach S ins Joch hinauf und unschwierig über den gutgestuften OSO-Grat des Naafkopf in 1½ Std. zum Gipfel, s. auch R 367. Auf dem gleichen Weg zurück oder Abstieg auf Steiganlage über den NO-Grat zur Pfälzer Hütte.

● 438 Girenspitz-Sassauna-Grat, 2307–2393 m
Rundtour von der Schesaplanahütte. 3 Std. Siehe Bild 32.

Der mehrgipfelige, begrünte, dem Hauptkamm vorgelagerte Grat schwingt sich im Bogen vom Girenspitz über Hoch- und Tief-Sagettis und Pfävi bis zum Sassauna. Er bietet großartige Ausblicke auf den ganzen Rätikon südl. des Hauptkammes und kann von geübten, schwindelfreien Berggehern in seiner ganzen Länge – als Rundtour von der Schesaplanahütte über Colrosa – Luderaalpe – überschritten werden. Vom Sassauna zum Girenspitz 3 Std. Die einzelnen Gipfel sind von der N-Seite meist gut zugänglich; den Girenspitz ersteigt man am leichtesten über das Hochstelli (Bild 33). Wegverbindung von Colrosa zum Fadurer Fürggli östl. vom Hoch-Sagettis.

● 439 Von der Schesaplanahütte zur Bergstation der Malanser Älplibahn
5 Std. Rätikon-Höhenweg, s. R 621.

● 440 Zur Pfälzer Hütte
4 Std.

Ein guter Touristenweg (Bild 31) führt in westl. Richtung unter dem Schesaplanastock durch nach W bis südl. unter das Salarueljoch (Kleine Furka). Weiter auf dem Liechtensteiner Höhenweg, s. R 115 b.

● 441 Zur Mannheimer Hütte auf dem Schweizersteig
Nur für Geübte und Bergerfahrene. 2¾–3½ Std.

Wie bei R 436 auf dem Schweizersteig durch die Schesaplana-S-Abstürze in den Schesaplanasattel am S-Rand des Brandner Gletschers

Bild 33: Der Girenspitz, *2393 m, vom Aufstieg zur Kanzelwand. Blickrichtung Süd.*
1 = Lüneregg, 2296 m. 2 = Rätikon-Höhenweg R 623 zur Schesaplanahütte. 3 = Rätikon-Höhenweg R 622 zur Garschinahütte. 4 = Aufstieg R 438 von Colrosa über das Hochstelli (HS) zum Girenspitz. 5 = Verbindungsweg von Colrosa zum Fadurer Fürggli im Girenspitz-Sassauna-Grat, R 438. 6 = Übergang Gafalljoch — Lünersee — Douglasshütte (R 442). *Foto: G. Flaig*

und weiter in 35–40 Min. nach NNW über den Brandner Gletscher zur Hütte.

● 442 Zur Douglasshütte über das Cavelljoch (Gafalljoch)

Sehr schöner Höhenweg. 3¾–4¼ Std.

Auf dem Rätikon-Höhenweg wie bei R 622 in 2 Std. auf Colrosa, 2128 m, in ½ Std. Aufstieg zum Cavelljoch (Gafalljoch), 2239 m, nordw. hinab (Bild 14) auf dem Gafalljochweg zur Lünerseealpe,

½ Std., und in 50–60 Min. auf dem Lünersee-Uferweg zur Douglasshütte.

● 443 Zur Garschinahütte
4½–5 Std. Rätikon-Höhenweg, s. R 622.

● 444 In den Nenzinger Himmel
3½–4 Std.

Auf dem Touristenweg (Bild 31, Route 3) nach NW und W unter dem Schesaplanastock durch bis südl. unter das Salarueljoch, das man überschreitet (1½–1¾ Std.). Jenseits steil hinab und durchs Salaruel hinaus, am Hirschseelein vorbei, in den Nenzinger Himmel (2–2¼ Std.).

● 445 Zur Bergstation der Seilbahn Fanas – Eggli
2½–3 Std.

Nach S hinab Richtung Mottabühel, ostw. zur Alpe Vals-Vordersäß und über Luderaalpe zum Luderer Egg. Auf gutem Weg in der W-Flanke des Sassauna auf die Alpweiden am Fuß seiner SW-Flanke und südl. hinab zur Bergstation Eggli.

● 450 **Grüsch,** 638 m

Bahnstation der Rhätischen Bahn. Talstation für Fanas. Bergstraße und Postautolinie Grüsch-Fanas, 2,5 km. Mehrere Gaststätten.

● 451 **Fanas,** 907 m

Bergdorf in S-Lage am SW-Ausläufer des Sassauna. Mehrere Gaststätten. Kleinbahn Fanas – Eggli, Talstation 900 m am Dorfeingang, Bergstation Eggli in 1800 m; 900 m HU = 2½ Std. Aufstieg. 2 Kabinen zu je 4 Personen. Fahrten nach Bedarf, Voranmeldung Tel. (081) 3 25 19 39. Ganzjährig in Betrieb.

● 452 **Berghaus Sassauna,** 1800 m

Bei der Bergstation in schönster Lage. 30 M. Bew. ab Anfang Juli bis Ende September sowie an schönen Wochenenden im Mai und Oktober. Tel. (081) 3 25 19 80.

4. Tourengebiet Seilbahn-Bergstation und Berghaus Sassauna

● 453 Girenspitz-Sassauna-Grat
Siehe R 438.

Der Sassauna, 2307 m, eine der schönsten Aussichtswarten des Südrätikon, ist über seine begrünte SW-Flanke ohne Hindernis zu besteigen. Von der Bergstation 1½–1¾ Std. Überschreitung des gesamten Grates bis zum Girenspitz s. R 438.

● 454 Übergang zur Schesaplanahütte
2¾–3¼ Std. Siehe auch Bild 30/31.

Der Übergang zur Schesaplanahütte und damit die Querverbindung von der Bergstation Eggli zum Rätikon-Höhenweg wird am besten wie folgt begangen: Von der Bergstation nach N empor in Richtung Sassauna. Man quert seine W-Flanke auf gutem Weg zwischen den Punkten 1981 und 2024 zum W-Grat-Rücken (Luderer Egg) hinüber. Nordw. hinab zur Luderaalpe und über Vals-Vordersäß zum Mottabühel und nach N zur Hütte.

● 460 Schiers, 660 m

Hauptort des vorderen Prättigaus. Bahnstation der Rhätischen Bahn. Mehrere Gasthöfe; Zimmernachweis durch Tourismusbüro, Dorfstr. 20, CH-7220 Schiers, Tel. (081) 3 28 22 00. Talstation für Schuders und für den Stelser Berg.

● 461 Schuders, 1272 m

Bergdörflein in schöner SO-Hanglage am S-Ausläufer des Girenspitz. Privatquartiere. Guter Standort für Bergwanderungen im ganzen mittleren Südrätikon. Sehr ausgesetzte, schmale und steile Zufahrtsstraße. Postauto. Übergänge zur Schesaplana-, Douglass- und Colrosahütte.

● 462 Stels – Stelser Berg, 1200–1700 m

Höhenzug östl. über Schiers, Streusiedlung auf weitläufigen Bergmatten, ideales Wandergebiet. Schmale, asphaltierte Bergstraße. Postautokurs Schiers – Stels. Berggasthöfe „Mottis“, 1480 m, mit 22 B. und 16 M.; Tel. (081) 3 28 13 19, und „Hof de Planis“, 30 B., Tel. 3 28 11 49.

5. Tourengebiet Stelser Berg

● 463 Kreuz, 2195 m
Ohne Schwierigkeiten. 2 Std. Siehe auch R 466.

Das Kreuz ist einer der Glanzpunkte unter den südl. dem Rätikon-Hauptkamm vorgelagerten Aussichtskanzeln. Man erreicht ihn vom Stelser Berg über seinen sanften W-Grat-Rücken mühelos in 2 Std.

Übergänge über das Kreuz nach St. Antönien und Pany: Abstieg vom Gipfel 1½–1¾ Std. (Bild 37). Siehe auch R 467.

● 464 **Küblis,** 810 m

Bahnstation der Rhätischen Bahn. Mehrere Gaststätten, Zimmernachweis durch Verkehrsbüro, CH-7240 Küblis, Tel. (081) 3 32 22 79. Straße und Postautolinie von Küblis über Luzein (958 m) und das Feriendorf Pany (1249 m; mehrere Gaststätten) nach St. Antönien.

● 465 **St. Antönien,** 1420 m

Ferienort im St. Antönier Tal (Bild 37). Gasthöfe, Pensionen und Privatquartiere. Information und Zimmernachweis durch Verkehrsverein, CH-7241 St. Antönien, Tel. (081) 3 32 32 33. Postautolinie von Bst. Küblis. Zufahrtsstraße schmal, aber ab Pany ohne wesentliche Steigungen. Etappenort der dreitägigen Madrisa-Rundtour. Ausgangspunkt für den südl. Rätikon-Höhenweg und für Touren in der Drusenfluh-, Sulzfluh-, Rätschenhorn- und Madrisagruppe. S. auch unter Partnun (R 480) und Garschinahütte (R 495).

● 466 **Kreuz,** 2195 m

Dem Hauptkamm vorgelagerter, begrünter, leicht ersteigbarer Gipfel mit prachtvoller Aussicht über den ganzen südl. Rätikon.

● 467 **Von St. Antönien-Aschüel**

Bis St. Antönien-Aschüel Zufahrt mit Kfz möglich. Weiß-rot-weiß markiert. 2 Std.

Bequemer Zugang über Untersäß (1773 m; 50 Min.) und Obersäß (20 Min.), durch die N-Flanke und über den O-Grat-Rücken in 50 Min. zum Gipfel. Abstieg auf dem gleichen Weg oder Überschreitung mit Abstieg über den W-Grat-Rücken nach Stels, s. auch R 463.

● 468 **Rundtour von St. Antönien über den Schafberg und Garschinafurka**

5½–6 Std.

Von St. Antönien-Aschüel wie bei R 625 (Rätikon-Höhenweg) zum Garschinasee, 1½ Std. Nach N über das „Fürggli“ zum Girenspitz, 2365 m, ¾ Std., und über den Grat in 1 Std. zum Schafberg. Über seinen NO-Grat in ½ Std. hinab zur Garschinafurka und -Hütte und wie bei R 624 (Rätikon-Höhenweg) entweder über den Garschinasee oder über Partnun (Bild 38) in 2 bzw. 3 Std. nach St. Antönien zurück.

● 469 **Rätschenhorn,** 2703 m

Ohne Schwierigkeiten. 4–4½ Std.

Von St. Antönien-Rüti wie bei R 473 zum Rätschenjoch. In 20–25 Min. über gutgestuften Fels nach NO zum Gipfel.

● 470 **Madrisahorn** (Klosterser Madrisa), 2826 m

I (stellenweise), meist Gehgelände. Hervorragender Aussichtsberg im Südosträtikon. 4–4½ Std. Bild 39 und 40.

Von St. Antönien-Rüti auf dem Zugang R 473 durch das **Gafiental** und über die Gafierplatten zum N-Fuß des Gipfels. Durch die Geröllmulde in der Fallinie nach S hinauf. Man erreicht den Gipfelgrat unweit links östl. von der höchsten Erhebung. Über ihn ohne Schwierigkeit zum höchsten Punkt.

Übergänge:

● 471 **Von St. Antönien zur Garschinahütte**

2¾–3¼ Std. Rätikon-Höhenweg, s. R 625.

● 472 **Von St. Antönien nach Gargellen über das St. Antönier (= Gargellner) Joch**

4 Std. Bild 37.

Von St. Antönien-Rüti ins äußere Gafiental über Engisen bis zur Wegteilung beim Dörfji. Nun links, NO, hinauf ins Älpeltital zum Joch, 2½ Std. und jenseits in 1½ Std. hinab durchs Gargellner Alptobel nach Gargellen.

● 473 **Von St. Antönien nach Klosters über das Rätschenjoch**

Teilweise Pfadspuren und ohne Hindernis. Dieser Übergang bildet das eigentliche östl. Anfangs- und Schlußstück des südl. Rätikon-Höhenweges. 5½ Std.

Von St. Antönien-Rüti ins Gafiental (Bild 39) auf Fahrweg bis Gafier-Stafel, 1747 m, 1¼ Std. Auf Fußweg auf der N-Seite des Baches talein und auf die oberste Talstufe des Hochstelli, 2116 m, im Talschluß unter den nördl. Ausläufern der Plattenfluh, die der Steig ganz links nahe ihrem Ende durch eine Lücke erreicht. Über der Fluh gleich rechts nach S auf eine begrünte Talstufe am O-Rand der „Gafierplatten". Nach S und SW empor (nach links Abzweigung zum Madrisahorn), rechts die Karrenplatten der hellen Kalkfelsen, links der dunkle Schutt, und zum Rätschenjoch, 2602 m, 3¾–4 Std. (Vom Joch lohnender Aufstieg zum Rätschenhorn, s. R 469.) Jenseits (Bild 40) hinab durch die Mulde des

Bild 34: Die Südabstürze der Fluhen *vom Lüneregg/Gafalljoch (Cavelljoch) aus. Blickrichtung Ostsüdost.*
1 = Rätikon-Höhenweg (R 622/623) von der Schesaplanahütte über Colrosa zur Garschinahütte an der Garschinafurka (GF). ST = Schweizer Tor. DT = Drusentor. 2 = Drusenfluh, 2827 m. 3 = Drusentürme, 2830 m. 4 = Sulzfluh, 2817 m. 5 = Schafberg, 2456 m. 6 = Madrisagruppe. 7 = Chüenihorn, 2412 m. Im Hintergrund die Silvrettaberge. *Foto: G. Flaig*

„Chüecalanda" zur Saaser Alp und zur Bergstation der Klosterser Albeinabahn, 1½ Std.
Weitere Übergänge s. unter Partnun, R 485 bis 487.

● 480 **Partnun,** 1769 m

Im eindrucksvollen Talschluß des St. Antönier Tales, Bild 37, 38. Sommerdorf Partnun-Stafel mit den Berggasthöfen „Berghaus Sulzfluh",

Bild 35: Schesaplanagruppe und Kirchlispitzen *vom Schafberg aus. Blickrichtung Nordwest.*
1 = Südlicher Rätikon-Höhenweg (R 622/623) von der Schesaplanahütte zur Garschinahütte. CF = Colrosafurka. GJ = Gafalljoch (Cavelljoch). SCH.T. = Schweizer Tor. 2 = Schesaplana, 2965 m. 3 = Zirmakopf. 4 = Seekopf. 5 = Kirchlispitzen. 6 = Roßberg. Rechtes Anschlußbild: Bild 36 gegenüber.
Foto: G. Flaig

22 B. und 35 M., bew. von Mitte Juni bis Anfang Oktober. Tel. (081) 3 32 12 13, und „Alpenrösli", 12 B., 30 – 40 M., Tel. (081) 3 32 12 18. Zufahrt auf schmalem Bergsträßchen über St. Antönien bis Äbi, 1657 m bzw. bis Partnun-Stafel.

Bild 36: Die Südwände der Drusenfluh und Drei Türme *vom Schafberg aus. Blickrichtung Nordnordwest (Anschluß von Bild 35 linke Seite).*
1 = Rätikon-Höhenweg (R 622/623) von der Schesaplanahütte zur Garschinahütte. Links das Schweizer Tor mit Durchblick auf den Roßberggrat. 2 = Drusenfluh, 2827 m. 3 = Eisjöchli. 4 = Großer Drusenturm, 2830 m. 5 = Mittlerer Drusenturm, 2782 m. 6 = Kleiner Drusenturm, 2754 m. Foto: G. Flaig

Das schöne Partnunseelein liegt 20 Min. oberhalb.
Die unter St. Antönien und der Garschinahütte beschriebenen Tourengebiete sind von Partnun aus ebenfalls leicht zugänglich, bitte bei R 467 bis R 473 bzw. R 499 bis R 506 nachlesen.

● **481** **Schafberg,** 2456 m
3–3½ Std.

Wie bei R 625 b zur Garschinafurka und -hütte, 2½ Std., und über den NO-Grat gut auf den Schafberg, ¾ Std. Abstieg wie Aufstieg, oder – schöner – Rundwanderung mit Übergang zum Giraspitz, 2365 m (½–¾ Std.) und Abstieg nach O über Garschina-Mittel- und Untersäß.

● **482** **Sulzfluh,** 2817 m

Besonders lohnender Gipfel mit berühmter Aussicht.

● **483** **Durch den Gemstobel**
Steig und Steigspuren, ohne Schwierigkeiten. Trittsicherheit erforderlich. Siehe auch R 241. Bild 38. 3–3½ Std.

Wie bei R 625 b über die Partnuner Mähder Richtung Garschinahütte. Nach ca. ¾ Std. Abzw. (Ww.; wenige Min. unterhalb des „Sulzhüttli") nach rechts, N, über die flachere „Sulz" Richtung Sulzfluh. Von links mündet die Steigspur von der Garschinahütte her ein. Weiter wie bei R 501 b.

● **484** **Scheienfluh,** 2627 m, **und Weißplatte,** 2628 m
I und leichter. Beide Gipfel vermitteln großartige Überblicke über den gesamten Osträtikon. Bild 37. 3½ Std.

Von Partnun-Stafel südostw. ins „Täli", über Engi im Bogen um die S-Ausläufer der Scheienfluh und auf die Hochterrasse von Plasseggen. Nach N empor zum Plasseggajoch am nördl. Rätikon-Höhenweg, 1¾–2 Std. Aufstieg zu den Gipfeln s. R 244, Bild 26.

Übergänge:

● **485** **Zur Garschinahütte (und Lindauer Hütte)**
2½ Std. Rätikon-Höhenweg, siehe R 625 b und weiter zur Lindauer Hütte, s. R 506.

● **486** **Zur Tilisunahütte über die Gruben**
1½–2 Std.

Von Partnun nach N zum Partnunsee und weiter hinauf nach N in die Gruben. Wegteilung: Links (kürzer, steiler) oder rechts (bequemer) zum Tilisunafürkli und in wenigen Min. nach N zur Hütte.

● **487** **Nach Gargellen über das St. Antönier (= Gargellner) Joch**
4½ Std. Siehe R 472.

Bild 37: St. Antönien *vom Kreuz aus. Blickrichtung Nordost. In Bildmitte St. Antönien-Platz (ST.A.-P.; Kirche).*
1 = Aufstieg R 625 a (Weg über Meierhofer Älpli) von St. Antönien — Aschüel zur Garschinahütte; 1 a = Fußweg von St. Antönien-Platz. Von St. Antönien-Rüti über Partnun-Stafel (P) verläuft der Zugang zur Garschinahütte (R 625 b) und der Übergang R 486 über das Tilisunafürkli (TF) zur Tilisunahütte. 3 = R 484, Aufstieg zum Plasseggajoch und zur Scheienfluh-Weißplatte. 4 = Übergang R 484 über das St. Antönier Joch nach Gargellen. 5 = Durchs Gafiatal. Übergang R 473 über das Rätschenjoch nach Klosters. 6 = Weißplatte, 2628 m. 7 = Scheienfluh, 2627 m. 8 = Plasseggajoch. 9 = Sarotlaspitzen. 10 = Sarotlajoch. 11 = Schollberg.
Foto: G. Flaig

● 495 Garschinahütte, 2221 m

Eigentum der Sektion Rätia-Chur des SAC, an der Garschinafurka, zwischen Sulzfluh und Schafberg. Moderner Bau mit 50 M. Selbstversorgerraum mit 10 L. Bew. von Juni bis Oktober an Wochenenden. Wichtiger Stützpunkt am Rätikon-Höhenweg. Tel. unter „Carschina Hütte", Natel (079) 4 18 22 80.

Zugänge:

● **496** **Von St. Antönien oder Partnun**
2¾–3¼ Std. Rätikon-Höhenweg, s. R 625.

● **497** **Von der Schesaplanahütte**
4½ Std. Rätikon-Höhenweg, s. R 622.

● **498** **Von der Lindauer Hütte**
2–2½ Std., s. R 228.

6. Tourengebiet der Garschinahütte

Die unter St. Antönien und Partnun beschriebenen Tourengebiete sind von der Garschinahütte aus günstig erreichbar, bitte bei R 467 und 473 und 481 bis 487 nachlesen.

● **499** **Schafberg,** 2456 m, **und Giraspitz,** 2365 m
Sehr lohnende Rundwanderung, eindrucksvoller Blick auf die Fluhen. Bild 34.

Von der Garschinahütte und -furka in ¾ Std. über den NO-Grat auf den Schafberg. In ½–¾ Std. Übergang zum Giraspitz und Abstieg auf den Weg (Rätikon-Höhenweg, R 625 a), der vom Garschinasee heraufkommend zur Hütte führt.

● **500** **Sulzfluh,** 2817 m

Die Sulzfluh ist berühmt für ihre Rund- und Fernsicht. Siehe auch R 241.

● **501** **Durch den Gemstobel**
Steig und Steigspuren, ohne Schwierigkeiten, Trittsicherheit erforderlich. 2½ Std.

a) Von der Garschinafurka nach O auf die „Sulz" und oberhalb am Sulzhüttli vorbei nach NO (von rechts mündet der Weg von Partnun herauf ein).
b) Weiter direkt nach N durch die steile, schuttbedeckte Hohlkehle des Sulzfluhgewändes hinauf und oben rechts (NO) hinaus auf eine begrünte Stufe. Über sie empor und linkshin hinaufqueren in den eigentlichen Gemstobel. Auf Steigspuren durch ihn über Geröll nach W aufwärts und Ausstieg auf den Karrenrücken der Sulzfluh. Über das Gipfelfirnfeld und zuletzt von W nach O zum Gipfel.

● **502** **Großer Drusenturm,** 2830 m
Ohne Schwierigkeiten. 2¼–2¾ Std. Siehe auch R 219.

Von der Garschinahütte wie bei R 506 (Übergang zur Lindauer Hütte) über das Drusentor und nordw. hinab auf dem Drusentorweg zur Abzweigung bei P. 2170 in der LKS (roter Felsblock). Nach W aufwärts weiter wie bei R 220.

● 503 **Rund um die Drusenfluh**
Diese großartige Wanderung ist unter R 223 (von der Lindauer Hütte aus) beschrieben. 5½–7 Std.

● 504 **Von der Garschinahütte nach St. Antönien**
1¾–2½ Std. Rätikon-Höhenweg, s. R 624 a und b.

● 505 **Von der Garschinahütte zur Schesaplanahütte**
4¼–4¾ Std. Rätikon-Höhenweg, s. R 623.

● 506 **Von der Garschinahütte zur Lindauer Hütte,** 1½ Std.

Auf gutem Weg von der Garschinafurka eben nach N zur Wegteilung unterhalb des Drusentors. Rechts in wenigen Kehren zum Drusentor hinauf. Jenseits hinab (Bild 24; bei P. 2170 der LKS Wegteilung; links zu den Drei Türmen) und Abstieg zur Lindauer Hütte, 1–1¼ Std. vom Drusentor.

● 507 **Von der Garschinahütte zur Tilisunahütte** durch die Gruben, 2–2½ Std.

Von der Garschinahütte nach O auf die „Sulz" und zu P. 2120 der LKS (von rechts mündet der Weg von Partnun herauf ein; nach links führt der Aufstieg durchs Gemstobel zur Sulzfluh). Jetzt nicht rechts hinab nach Partnun, sondern nach NO, hoch über dem Partnunsee taleinwärts absteigend so lange queren, bis man „Hinderem See" den Steig von Partnun herauf erreicht. Auf ihm nach N und NO durch die „Gruoben" und übers Tilisunafürkli in wenigen Min. nach N zur Tilisunahütte.

● 515 **Klosters Platz,** 1202 m, **Klosters Dorf,** 1124 m

Sommerkurort und Wintersportplatz von internationalem Ruf, mit allen Fremdenverkehrseinrichtungen. Zahlreiche Hotels, Pensionen, Ferienappartements und Chalets. Information durch Verkehrsbüro CH-7250 Klosters, Tel. (081) 4 10 20 20. Geheiztes Schwimmbad, Sportanlagen, Kino, Bank, alle Arten von Geschäften. Berg- und Skiführer. Bergsteigerschule Alpintour, Tel. 4 22 36 36. Schnellzugstation der Rhätischen Bahn Landquart – Klosters – Davos. 31 Straßenkilometer von Landquart. Gotschnabahn auf der Parsenn-Seite, Panorama des Südosträtikons. Wichtiger Tourenstandort für Südosträtikon und Westsilvretta. Von Klosters Dorf Fahrsträßchen ins Schlappin. Etappenort der dreitägigen Madrisa-Rundtour. Siehe Bild 40.

● 516 **Madrisabahn**

Die Luftseilbahn Klosters – Albeina (Bild 40) führt von Klosters Dorf, 1141 m, auf die Saaser Alp Albeina, 1887 m. Bergrestaurant. 746 m

Bild 38: Partnun-Stafel mit der Sulzfluh. *Blickrichtung Nordwest.*
1 = Aufstieg R 625 b von Partnun über die Partnuner Mähder zur Garschinahütte (GH, im Kreis), SH = Sulzhüttli; GF = Garschinafurka. 2 = Zugang von St. Antönien zur Garschinahütte, R 625 a. 3 = zum Schafberg, R 499. 4 = Drusentürme. 5 = Sulzfluh. 6 = Aufstieg R 500 durch den Gemstobel auf die Sulzfluh. 7 = Übergang R 486 über das Tilisunafürkli zur Tilisunahütte. *Foto: G. Flaig*

Höhenunterschied, 2 Std. Aufstieg. Die Bergstation ist Ausgangspunkt für Wanderungen und Touren im Gebiet der Klosterser Madrisa – Rätschenfluh und Übergänge nach Schlappin und ins St. Antönier Tal sowie übers Schlappiner Joch nach Gargellen.

7. Touren von der Madrisabahn-Bergstation

● **517** **Rätschenhorn,** 2703 m
Lohnende Gipfelwanderung ohne Schwierigkeiten. 2½ Std.

Bild 39: Das Gafiental und die Madrisagruppe *vom Schafberg aus. Blickrichtung Südost.*
1 = Übergang R 473 von St. Antönien durch das Gafiatal über das Rätschenjoch nach Klosters. 2 = Übergang R 472 von St. Antönien über das St. Antönier Joch nach Gargellen. 3 = Gämpifluh. 4 = Madrisa, 2772 m. 5 = Frygebirg; GJ = Gafierjoch. 6 = Oswaldkopf. 7 = Madrisajoch. 8 = Marchspitz. 9 = Madrisahorn (Klosterser Madrisa), 2826 m. 10 = Rätschenhorn. Foto: G. Flaig

Wie bei R 519 zum Rätschenjoch, 2 Std., und in 20–30 Min. über gutgestuften, schuttbedeckten Kalkfels nach NW und N zum Gipfel.

• 518 Madrisahorn (Klosterser Madrisa), 2826 m
I (wenige Stellen), meist leichter. Überragender Aussichtsgipfel des O- und SO-Rätikon. 3 Std. Bild 39, 40.

Wie bei R 513 in 2 Std. zum Rätschenjoch, jenseits schräg abwärts nach ONO hinüberqueren in die Geröllmulde am N-Fuß des Gipfels. Durch die Geröllmulde in der Fallinie nach S hinauf. Man erreicht den Gipfelgrat unweit links östl. von der höchsten Erhebung. Über ihn ohne Schwierigkeit zum höchsten Punkt.

● 519 **Über das Rätschenjoch nach St. Antönien**

Teilweise Pfadspuren. Dieser Übergang bildet das eigentliche östl. Anfangs- und Schlußstück des südl. Rätikon-Höhenweges. 4¾–5 Std.

Von der Madrisabahn-Bergstation (Bild 40) nach NW hinüber zu den Alphütten des Untersäß, 1938 m, und hinauf nach Obersäß, 2158 m, ¾ Std. Halblinks nach NW über den grünen Rücken von Glatteggen hinüber und nordwärts durch das Hochtal des „Chüecalanda“ auf das Rätschenjoch, 2 Std. Abstieg nach NO in die Talmulde am O-Rand der Gafierplatten. Der Markierung nach, etwas rechtshaltend, auf Fußweg hinab über Hochstelli ins Gafiental (Bild 39) und rechtsufrig hinaus nach St. Antönien – Rüti, 2½ Std. vom Rätschenjoch.

● 520 **Zum Schlappiner Joch,** 2202 m

1¾–2 Std. (und nach Gargellen 1½ Std. mehr, oder zurück nach Schlappin – Klosters 1 bzw. 2 Std.).

Von der Madrisabahn-Bergstation nach N auf den Weg Untersäß – Zügenhüttli (Bild 40). Auf ihm nach NO zum Zügenhüttli, 2063 m, und weiter auf Fußweg nach NNO (Wegteilung; rechts hinab nach Schlappin). In gleicher Höhe weiter nach NO und in mäßiger Steigung zum Schlappiner Joch (Grenze zwischen Schweiz und Österreich). Abstieg jenseits zur Madrisahütte, 1–1¼ Std. und nach Gargellen, 1¾ Std., oder vom Schlappiner Joch zurück südw. hinab in 1 Std. nach Schlappin bzw. in einer weiteren Stunde nach Klosters.

● 530 **Schlappin,** 1658 m

Bergdörfchen im Schlappintal nördl. Klosters-Dorf. 2 Pensionen: „Erika“, 13 B. und 15 M., Tel. (083) 4 22 11 17, und „Gemsli“, 6 B. und 30 M., (Tel. 083) 4 22 13 39. Zufahrt auf Bergsträßchen; 1½ Std. Anstieg von Klosters-Dorf. Zugang zu Fuß bequemer von der Bergstation der Madrisabahn. Am wichtigen Jochübergang von Klosters (Schweiz) nach Gargellen (Österreich). Kleiner Stausee beim Ort. Das Schlappintal von Schlappin bis Klosters und das Schlappiner Joch (– Gargellental) bilden die Grenze zwischen Rätikon im W und Silvretta im O.

Bild 40: Klosters im Prättigau, *internationaler Bergkurort an der Rätikon-Südostecke, von Selfranga aus. Blickrichtung Nordnordwest.*
D = Madrisabahn-Talstation, Klosters-Dorf (verdeckt). Oben Bergstation bei der Alpe Albeina. 1 = Saaser Calanda. 2 = Rätschenhorn. RJ = Rätschenjoch mit (3) Übergang R 519 nach St. Antönien. 4 = Wegverbindung R 520 zum Schlappiner Joch. 5 = Sant Jaggem (Jakobshorn). 6 = Madrisahorn (Klosterser Madrisa), 2826 m, R 518. 7 = Bärnet (Bernethorn). 8 = Gandataler Köpfe.
Foto: G. Flaig

Tourengebiet und Übergänge von Schlappin (bitte auch unter Bergstation der Madrisabahn nachlesen, R 517–520).

● 531 Zur Bergstation der Madrisabahn
1 – 1¼ Std.

Von Schlappin hinauf zum Verbindungsweg Madrisabahn-Bergstation – Schlappiner Joch, der westl. oberhalb vorbeiführt. Besonders aussichtsreicher Höhenweg. Auf ihm über das Zügenhüttli, 2063 m, nach SW und W (Bild 40) zur Bergstation.

● **532** **Rätschenhorn,** 2703 m

Wie bei R 531 zur Bergstation der Madrisabahn und weiter wie bei R 519 bzw. 517 zum Rätschenhorn.

● **533** **Madrisahorn,** 2826 m
4–4½ Std.

Wie bei R 531 zur Madrisabahn-Bergstation, weiter wie bei R 519 über das Rätschenjoch, jenseits schräg abwärts nach ONO hinüberqueren in die Geröllmulde am N-Fuß des Gipfels und schließlich auf R 518 von N her zum Gipfel.

● **534** **Nach Gargellen über das Schlappiner Joch**
3 Std.

Hinter dem Dorf auf Fußpfad nach N hinauf. Über den Furggenbach auf dessen O-Seite weiter hinauf, später wieder zurück auf seine W-Seite und zum Joch, 1½ Std. Abstieg jenseits ins Valzifenz und auf breitem Weg talaus nach Gargellen, vom Joch 1½ Std.

III. Höhenwege des Rätikon

Es gibt zwei **„Rätikon-Höhenwege"** (abgek. RHW) im Sinne einer Längsdurchquerung der ganzen Gebirgsgruppe von Stützpunkt zu Stützpunkt. Beide können als Wanderwege bezeichnet werden und sind ohne Schwierigkeiten zu begehen.

1. Der nördliche Rätikon-Höhenweg.

Er führt vom Feldkircher Haus bzw. von der Gafadurahütte – in der NW-Ecke des Rätikon – bis Gargellen. Nach der Längsüberschreitung der Drei-Schwestern-Kette (Drei-Schwestern-Steig, Fürstensteig) bleibt er auf der N-Seite des Rätikon-Hauptkammes, zuerst auf liechtensteinischem, dann auf österreichischem Boden. Er überwindet größere Höhenunterschiede und ist wesentlich länger als

2. der südliche Rätikon-Höhenweg.

Dieser beginnt auf St. Luziensteig bzw. bei der Bergstation der Malanser Älplibahn und verläuft unter den S-Abstürzen des Rätikon-Hauptkammes diesem immer entlang bis nach St. Antönien (–Klosters).
Die zahlreich vorhandenen Stützpunkte laden zu Varianten ein. Diese sind – wie alle übrigen Verbindungen von Hütte zu Hütte – unter den „Übergängen" der einzelnen Stützpunkte beschrieben. Die vielen Jochübergänge im Hauptkamm ermöglichen Querverbindungen vom nördl. zum südl. Rätikon-Höhenweg und umgekehrt. Die Rätikon-Höhenwege können bei jedem Stützpunkt unterbrochen oder auch begonnen werden.

a) Die Durchquerungen auf den beiden Rätikon-Höhenwegen sind in Teilstrecken von Stützpunkt zu Stützpunkt aufgeteilt. Wem Teilstrecken zu kurz sind, der kann sie leicht mit Gipfelbesteigungen am Wege verbinden bzw. Teilstrecken zusammenhängen. Jede Teilstrecke wird in beiden Richtungen beschrieben, zuerst W-O, dann O-W:
Die Beschreibungen **West-Ost** sind unter geraden Randzahlen (R) aufgeführt.
Die Beschreibungen **Ost-West** sind unter ungeraden Randzahlen aufgeführt. Dies hat den Zweck, überflüssige Wiederholungen zu vermeiden, und den Vorteil, daß die zwei Beschreibungen der gleichen Teilstrecke nach- und nebeneinander stehen.

Wer z. B. lieber die O-W-Durchquerung machen will, beginnt bei R 615 bzw. R 625 und blättert bzw. wandert immer den ungeraden Randzahlen folgend zurück bis R 600 bzw. R 620.

b) HU = Höhen-Unterschiede in der Lotrechten und in m = Metern sind grob auf- oder abgerundet; „aufw." = Anstieg, „abw." = Abstieg.

c) Die Rätikon-Höhenwege sind in diesem Führer mit einer Bildfolge ausgestattet. Von W nach O sind dies: Beim nördl. RHW die Bilder Nr. 1, 2, 3, 6, 9, 11, 12, 13, 14, 18, 19, 20, 21, 23, 24, 25, 26, 27; beim südl. RHW die Bilder Nr. 28, 29, 30, 31, 33, 34, 35, 36, 38 (39, 40). O-W-Richtung umgekehrte Reihenfolge.

1. Nördlicher Rätikon-Höhenweg

Durchquerung des Rätikon nördlich des Hauptkammes von West nach Ost und von Ost nach West.

● **599 Verlauf West – Ost:** Feldkircher Haus bzw. Gafadurahütte – Drei-Schwestern-Steig – Fürstensteig (bzw. Umgehungsweg) – Gaflei – Silum – Sücka – Steg – Malbun – Sareiser Joch – Nenzinger Himmel – Amatschonjoch – Brand – Douglasshütte – Schweizer-Tor-Weg – Lindauer Hütte – Bilkengrat – Tilisunahütte – Plasseggajoch – Sarotlajoch – Gargellen.

Ost-West-Verlauf: Genau umgekehrt, beginnend mit Gargellen.

Varianten: Sücka bzw. Steg – Pfälzer Hütte (R 362) – Nenzinger Himmel (R 372); oder (nur für Geübte und Trittsichere!): Sücka oder Steg – Pfälzer Hütte (R 362) – Liechtensteiner Höhenweg – Mannheimer Hütte (R 373) – Brandner Gletscher – Schesaplana – Douglasshütte (R 111); weiters (nur für Geübte und Trittsichere): Brand – Sarotlahütte (R 151) – Zimbajoch – Heinrich-Hueter-Hütte (R 158) – Saulajoch oder Lüner Krinne – Douglasshütte (R 180).

Querverbindungen über den Rätikon-Hauptkamm vom nördl. zum südl. RHW: Barthümeljoch (R 375), Salarueljoch (= Kleine Furka, R 46), Gafalljoch (= Cavelljoch, R 138), Schweizer Tor (R 610), Drusentor (R 228), Tilisunafürkli (R 251), Plasseggajoch (R 614), St. Antönier Joch (R 271).

● **600 RHW: Vom Feldkircher Haus bzw. von der Gafadurahütte nach Gaflei (– Silum) über den Drei-Schwestern-Steig und den Fürstensteig** (bzw. Umgehungsweg zum Fürstensteig)

Großartige Gratwanderung mit Ausblicken über den Westrätikon und die Ostschweizer Berge und Tiefblicke in das Rheintal. HU 1000 m aufw., 700 m abw. 4 – 5½ Std.

a) Vom Feldkircher Haus am Vorderälpele (Bild 1) auf leicht ansteigendem, gutem Weg zum Hinterälpele. Dann ansteigend, den Doppelpfeiler der beiden nördl. Schwestern vor Augen, nach S und unter dem Sarojasattel, der rechts oben bleibt, vorbei zu Wegteilung. Weiter bei c).

b) Von der Gafadurahütte hierher, s. R 306. Weiterweg:

c) Zur Wahl: Entweder (I.) leichter links übers Garselleneck; oder (II.) rechts direkt zu den Drei Schwestern auf gesichertem Felsensteig:

I. Links (ostw.) waagrecht zum Garselleneck. Etwas absteigend unter den Wänden hinqueren zur Garsellaalpe. Mitten durch die Mulde hinauf, bei Abzweigung nach rechts und (Drahtseilsicherung) auf den felsigen Hauptgipfel, 2053 m, der Drei Schwestern. Weiter bei d).

II. (schöner als I.): Gerade vom Sarojasattel; vom waagrechten Weg abzweigend im Zickzack über die N-Flanke bis dicht unter die Gipfeltürme. Man umgeht sie westlich. Auf Felsensteig, einige Steilstufen mit Leitern überwindend, steil hinauf zum Gratsattel und Hauptgipfel der Drei Schwestern. Weiterweg (Bild 2, 3):

d) Man verfolgt wenige Min. den von Garsella heraufführenden Weg und wendet sich nach S, längs des Hauptgrates, hinüber zum flachen Sattel (von links Einmündung des unmittelbar von Garsella heraufführenden AV-Weges). Nun auf die dreiseitige Gipfelpyramide des Garsellikopfes, 2105 m. Gesicherter Abstieg in die Gratscharte und wieder hinauf im Zickzack zum Hauptgipfel der Kette, dem breiten Gratrücken des Kuhgrates, 2123 m, vom Feldkircher Haus 2½ – 3¼ Std. Umfassende Rundsicht. Auf dem Gipfel des Kuhgrates beginnt

e) der Fürstensteig. Vom Kuhgratgipfel über dessen SO-Flanke in Kehren hinab, dann rechts nach SW, zuerst auf der O-Flanke, dann etwa 300 m auf der W-Seite unter dem (leicht ersteigbaren) Gafleispitz (2000 m) entlang und zuletzt ostseitig in den Gafleisattel nördlich vom Alpspitz. Wegteilung: Rechts der Fürstensteig (siehe II.). Nur für trittsichere und schwindelfreie Geher. Links (siehe I.) die leichtere, für Ungeübte unbedingt vorzuziehende Umgehung; etwas weiter, aber sehr lohnend.

I. Umgehungsweg des Fürstensteiges. Vom Gafleisattel nördl. des Alpspitz auf gutem Steig links nach SO und hinauf in den Sattel zwischen Alpspitz, 1997 m, im W und Hehlawangspitz, 1999 m, im O. (Beide Gipfel sind von hier aus in wenigen Min. leicht erreichbar.) Jenseits hinab durch die Flanke zum Bargellasattel. Auf der W-Seite (Rheintalflanke) auf breitem Alpweg hinab zu Wegteilung: Rechts hinab nach Gaflei, links nach Silum (– Sücka – Steg). (Wer direkt nach Sücka – Steg will, der kann vom Bargellasattel aus die Gratwanderung nach S fortsetzen (nur bei trockenem Wetter): Über den gut begehbaren, teils bewaldeten Grat bzw. in Gratnähe auf der Samina-O-Seite zum östl. Ausgang des Kulm-Tunnels und in wenigen Min. hinab zum Alpengasthof Sücka).
II. Der Fürstensteig führt vom Gafleisattel, stellenweise ausgesetzt, als vielfach ausgesprengter Felsensteig, stückweise mit Drahtseilen gesichert, durch die Alpspitz-W-Flanke hinab und mündet oberhalb Gaflei auf die bewaldeten Matten aus. Guter Weg hinab nach Gaflei, 1¾–2½ Std. vom Kuhgrat. Nach 10 Min. Wegteilung: Rechts hinab in 10 Min nach Gaflei, links in 20 Min nach Silum; 1¾–2½ Std. vom Kuhgrat. Weiterweg: Siehe R 602.

● **601** **RHW: Von Gaflei (Silum) zum Feldkircher Haus oder zur Gafadurahütte über den Fürstensteig** (oder Umgehungsweg) **und den Drei-Schwestern-Steig**

Der Fürstensteig (s. II.) erfordert auf dem Teilstück bis zum Gafleisattel Trittsicherheit und Schwindelfreiheit; für Ungeübte ist daher der Umgehungsweg unbedingt vorzuziehen. HU 700 m aufw., 1000 m abw. 4–5 Std.

I. Umgehungsweg des Fürstensteiges: Wegbeginn 100 m südl. des Gaflei-Hotels. Auf bequemem Alpweg (nach ¼ Std. Einmündung von rechts des Weges von Silum her) über die Bargellaalpe (½ Std.) zum Bargellasattel, 20 Min. Durch die SO-Flanke des Alpspitz in die Einsattelung (50 Min.) zwischen Alpspitz, 1997 m, und Hehlawangspitz, 1999 m. Jenseits nördl. hinab und hinüber zum Gafleisattel, 1856 m, zwischen Alpspitz und Gafleispitz, wo von W herauf der Fürstensteig (s. II.) einmündet. Weiter bei a).
II. Auf dem Fürstensteig (Bild 2) zum Gafleisattel. Wegbeginn wie bei I. Nach 5 Min. Abzw., Ww. Nach links (weiß-rot-weiß mark.) in ¾ Std. zum Beginn des eigentlichen Fürstensteiges, der als eingesprengter, stellenweise ausgesetzter und mit Drahseilen gesicherter Felsensteig in 1 Std. hinaufführt in den Gafleisattel, 1856 m (von rechts her Einmündung des Umgehungsweges).
a) Vom Gafleisattel auf der Forstsetzung des (hier ohne Schwierigkeit

begehbaren) Fürstensteiges weiter nach N, zuerst in der O-Flanke, dann auf der Rheintalseite unter dem Gafleispitz durch, zurück auf die Samina-O-Seite und von SO empor auf den Kuhgrat, mit 2123 m höchster Berg der Kette.

b) Auf dem Kuhgrat beginnt der Drei-Schwestern-Steig, der über den Garsellikopf, 2105 m, zu den Drei Schwestern führt (Bild 1). Vor dem Drei-Schwestern-Hauptgipfel teilt sich der Weg: Entweder:

I. (bequemer) rechts ostw. hinab zur Garsellaalpe und weiter, die Drei Schwestern im O umgehend, beim Sarojasattel wieder auf den Drei-Schwestern-Weg. Weiter bei c); oder

II. (nur für Trittsichere!) auf dem Felsensteig über den Hauptgipfel der Drei Schwestern, 2053 m, und jenseits nach N hinab zum Sarojasattel, 1628 m.

c) Beim Sarojasattel Wegteilung: Der Weg zur Gafadurahütte (und nach Planken) zweigt vom Drei-Schwestern-Weg nach links ab und führt durch die W-Flanke auf der Rheintalseite hinab. Sarojasattel – Gafadurahütte 20 Min. – Weiterweg zum Feldkircher Haus: Vom Sarojasattel auf breitem Alpweg über das Hinterälpele nordwärts hinab in ¾ Std. zum Feldkircher Haus auf dem Vorderälpele, westl. End- bzw. Ausgangspunkt des nördl. Rätikon-Höhenweges.

● 602 RHW: Von Gaflei über Silum – Sücka – Steg nach Malbun
HU 350 m aufw., 150 abw. Bild 3 und 6. 2¼–2½ Std.

a) Vom Berghotel Gaflei auf Fahrweg 6 Min. nach S bis zur Abzweigung 50 m nördl. oberhalb vom Gasthaus Matu. In ½ Std. auf bequemem Höhenweg nach Silum (Berggasthof, 1469 m, s. auch R 320).

b) Vom Alpengasthof Silum Fortsetzung des Höhenweges nach S: In herrlicher Wanderung in 20 Min. zur Einmündung in das Fahrsträßchen, auf diesem 100 m aufwärts, durch den Tunnel des Kulm ins Saminatal und weiter auf dem Sträßchen in wenigen Min. hinab zum Berggasthof Sücka, 100 m südl. der ersten Straßenkehre (s. auch R 322). Variante: Von Silum auf Fahrweg zum Grat („Silumer Kulm“) und auf seiner O-Seite zum O-Ausgang des Kulm-Tunnels.

c) Vom Berggasthof Sücka in 20 Min. hinab nach Steg, 1303 m (s. auch R 321; Steg ist Ausgangspunkt für die Pfälzer Hütte; von Sücka kann man aber direkt über Älple und Gapfahl ohne Höhenverlust die Pfälzer Hütte erreichen).

d) Von Steg nach O hinauf ins Malbuntal und in 50 Min. nach Malbun, 1600 m (s. auch R 340). Weiterweg nach O: Siehe R 604.

● 603 RHW: Von Malbun über Steg – Sücka – Silum nach Gaflei
HU 150 m aufw., 350 m abw. Bild 3 und 6.
2¼–2½ Std.

a) Von Malbun in 40 Min. talabwärts nach Steg im Saminatal (s. R 321).

b) Von Steg auf die W-Seite des Saminabaches und auf staubfreiem Fahrsträßchen nordwestw. hinauf. Der Berggasthof Sücka, 1240 m, liegt 100 m südl. der letzten Straßenkehre, ½ Std. (s. R 322).

c) Vom Berggasthof Sücka auf der Fahrstraße hinauf zum Kulm-Tunnel und durch den Tunnel auf die Rheintalseite. Nach 100 m Abstieg Abzw. (Ww.) nach rechts. Beginn des großartigen, fast ebenen Höhenweges. In 20 Min. zum Berggasthof Silum, 1469 m (s. R 320). Variante: Vom O-Ausgang des Kulm-Tunnels auf der Saminaseite weiter zum „Silumer Kulm" und auf Fahrweg NW hinab nach Silum.

d) Von Silum Fortsetzung der Höhenwege: Nordw. oberhalb des Berggasthofes Silum Weggabelung: Links eben weiter in 20 bis 25 Min. nach Gaflei. Wer direkt zum Fürstensteig will, wählt den rechten, oberen Weg, der nach ½ Std. in den von Gaflei heraufführenden Zugang zum Fürstensteig einmündet. Weiterweg: Siehe R 601.

● 604 RHW: Von Malbun in den Nenzinger Himmel über das Sareiser Joch
HU 400 m aufw., 630 m abw. Sesselbahn erspart 400 Höhenmeter und ½ Std. Gehzeit. 2–2¼ Std.

Von Malbun (Bild 6) auf gutem Alpweg nach SO schräg am Hang talein aufwärts zum Sareiser Joch, 2000 m. Hierher auch von der Sesselbahn-Bergstation mit geringem Höhenverlust in 20 Min. Abstieg jenseits vom Joch (Bild 9) auf der Gamperdonaseite nach O und S über die Sareiser Alpe und die Landesgrenze Liechtenstein – Österreich und hinab in das Sommerdorf des Nenzinger Himmel, 1370 m (s. auch R 42). Weiterweg nach O: Siehe R 606.

● 605 RHW: Vom Nenzinger Himmel nach Malbun über das Sareiser Joch
HU 630 m aufw., 400 m abw. 2½–3 Std.

Vom Wegkreuz etwa 200 m auf dem Fahrweg nach S, dann halbrechts nach SW abwärts auf den Alpweg, über den kleinen Seitenbach und rechts zur Mengbachbrücke. Jenseits auf rot bez. Fußweg gerade empor (Bild 9). Nach ca. 1 Std. rechts (NW) durch den Latschenhang auf eine

Bergschulter (Ww). Nach N hinüber ins nächste Hochtälchen. Auf Hochweiden nach NW, über der Alphütte vorbei und schließlich nach W hinauf zum Sareiser Joch (1¾–2 Std.). Jenseits (Bild 6) auf gutem Weg nach W hinab und rechtsseitig talaus nach Malbun, 30–40 Min. (s. auch R 340). Weiterweg nach W: Siehe R 603.

● 606 RHW: Vom Nenzinger Himmel nach Brand über das Amatschonjoch

HU 660 m aufw., 1000 m abw. (bzw. 400 m zur Bergstation Niggenkopf). 4–5 Std.

a) Vom N-Ende der Siedlung auf steilem Pfad am Hang hinauf, in den Wald und über den Bachgraben (von links herauf kommt der Alpweg von der Alpe Gamperdona). Auf ihm ostw. in Kehren hinauf zur Alpe Setsch, 1722 m, 1–1¼ Std. Weiter nach N empor über offene Weiden, nordostw. über den breiten Rücken des „Herrenboden" hinweg und die Steilhänge des Blankuskopf und der Windeckerspitze querend nach NO aufs Amatschonjoch, 2028 m, 1–1¼ Std.
Achtung! Bei Nässe und Schnee (Firnfelder halten sich meist bis in den Frühsommer hinein!) besteht Ausweichmöglichkeit: Man vermeidet den Weg durch die steile Setschflanke und quert vom Herrenboden – dem westl. Blankuskopf-Ausläufer; hier trennen sich der ausgesetzte und der sicherere Weg – (mit etwas Höhenverlust) am Fuß der Steilabstürze hinüber, bis man gefahrlos in der Fallinie nach NO zum Amatschonjoch aufsteigen kann.

b) Jenseits ostw. (Bild 11) in 20 Min. hinab zur Alpe Palüd, 1800 m. Auf Alpweg talaus. Nach 25 Min. Wegteilung: Links in ¼ Std. zur Palüdhütte bzw. in weiteren 20 Min. zur Bergstation der Niggenkopf-Sesselbahn, 1600 m, und Talfahrt nach Brand, 1000 m. Oder rechts über Berggasthof Melkboden (10 Min.) nach Brand, 1–1¼ Std. (s. R 80). Weiterweg nach O: Siehe R 608.

● 607 RHW: Von Brand in den Nenzinger Himmel über das Amatschonjoch

HU 1000 m aufw., 660 m abw. Von der Sesselbahn-Bergstation Niggenkopf 1¼ Std. und 600 m HU weniger. 4½–5 Std. Bild 11.

a) Von der Bergstation der Niggenkopf-Sesselbahn gelangt man in 20 Minuten zur Palüdhütte (siehe R 81) und in 10 Minuten zum Palüdweg. Weiter bei c) zum Amatschonjoch.

b) Hierher auch zu Fuß von Brand: Auf dem Zalimweg (Beginn: Beim Postautohalt Brand-Innertal) in ¾ Std. zum Riedstutz. Ww., Abzw. nach rechts: Auf dem Palüdweg über Palüd-Maiensäß zum Berghof Melkboden (Berggasthof, keine Unterkunft). Rechts oben ist die Palüdhütte sichtbar. Wenig oberhalb mündet der Zugang von der Niggenkopf-Bergstation in den Palüdweg ein.

c) Auf dem Palüdweg bald in flachem Anstieg zur Palüdalpe, ¾ Std. und westw. zum Amatschonjoch hinauf, ¾ Std.

d) Ein schmaler Pfad quert den jenseitigen steilen Hang nach linkshin zur Alpe Setsch hinab (40 Min.).

e) Auf Alpweg hinab in den Wald, nach ¼ Std. bei Wegteilung nach links und auf Fußweg in ¼ Std. in das Sommerdorf des Nenzinger Himmel, 1370 m (s. R 42). Weiterweg nach W: s. R 605. Achtung! Bei Nässe und Schnee (Firnfelder im Frühsommer) besteht Ausweichmöglichkeit für das Teilstück d): Man vermeidet den Weg durch die steile Setschflanke und steigt direkt vom Amatschonjoch über den SW-Hang in der Fallinie ab, bis man gefahrlos am Fuß der Steilabstürze Richtung Herrenboden hinüberqueren kann, den man in leichtem Gegenanstieg erreicht. Jenseits steigt man westwärts hinab zur Alpe Setsch und weiter wie bei e).

● 608 RHW: Von Brand zur Douglasshütte am Lünersee

HU 1000 m aufw. 2¾ – 3½ Std. Bild 12 und 13.

a) Schattenlagantstraße, von Brand 6,5 km bis zur Talstation der Lünerseebahn. Postautolinie Bludenz – Brand – Talstation Schattenlagant der Lünersee-Bahn. Parkplätze. Auffahrt mit Lünersee-Bahn, s. R 121.

b) Zu Fuß von Brand auf dem Schattenlagantweg und über den „Bösen Tritt“. Der Schattenlagantweg beginnt 5 Min. südl. der Kirche in Brand (Abzw. von der Hauptstraße nach links; Ww.).
Über den Alvierbach auf sein O-Ufer. Guter Weg in 1 – 1¼ Std. zur Schattenlaganthütte und in einer weiteren ¼ Std. zur Lünerseebahn-Talstation. Ende der Straße (man kreuzt diese, die erst über Sonnenlagant ausholt, im oberen Teil mehrmals). Hier beginnt der „Böse-Tritt-Steig“ (ohne Schwierigkeiten). Zwischen Legföhren nach rechts in Serpentinen über den Schuttfächer des Seekopfes zum Fuß seiner Wandabstürze und über den „Bösen Tritt“ nach links hinauf zum Seebord und nach links zur Douglasshütte mit der Seilbahn-Bergstation, 1–1¼ Std. (s. auch R 120). Zum Weiterweg nach Osten siehe R 610.

● 609 RHW: Von der Douglasshütte nach Brand
$2-2\frac{1}{4}$ Std. Bild 12 und 13.

a) Talfahrt mit der Lünersee-Bahn, s. R 121, und mit Postbus der Linie Schattenlagant – Brand – Bludenz.

b) Abstieg nach Brand über den „Bösen Tritt“ und auf dem Schattenlagantweg, $2-2\frac{1}{4}$ Std. Der „Böse-Tritt-Steig“ zweigt bei der Zollwachhütte 250 m = 3 Min. im WSW der Douglasshütte vom Lünersee-Uferweg ab. Er führt als Felsensteig hinab auf den riesigen, mit Legföhren bestandenen Schuttkegel des Seekopfs. In Kehren hinunter zur Talstation, 40 Min. Auf dem Schattenlagantweg (rot-blau-rot bez.), der in seinem oberen Teil mehrmals die Straße kreuzt, in $1\frac{1}{4}-1\frac{1}{2}$ Std. nach Brand (s. auch R 80). Weiterweg nach W: Siehe R 607.

● 610 RHW: Von der Douglasshütte zur Lindauer Hütte über Verajoch – Schweizer Tor – Öfajoch
Wohl das eindrucksvollste und meistbegangene Teilstück der Rätikon-Durchquerung. HU 470 m aufw., 720 m abw. $3\frac{3}{4}-4\frac{1}{4}$ Std.

Von der Douglasshütte auf dem breiten Uferweg (Bild 14) entlang dem W-Ufer des Lünersees nach SW. Man umgeht den SW-Zipfel des Sees. Über seinem S-Ufer in O-Richtung zur Lünerseealpe, $\frac{3}{4}-1$ Std. Dann nach S in Richtung auf die Einsenkung des Gafalljoches. Nach 10 Min. Wegteilung (nach S zum Gafalljoch und Querverbindung zum südl. Rätikon-Höhenweg): Auf dem Schweizer-Tor-Weg nach links über den Bach (Stützpunkt der Zollwache links oberhalb) und (Bild 19) in das Tälchen, das unter den Nordabstürzen der Kirchlispitzen nach O emporführt zum Verajoch, 2330 m, 1 Std. vom See. Jenseits drunten liegt das Schweizer Tor, 2137 m, das man in 20 Min. Abstieg erreicht (Bild 20, 24). Blick auf die gewaltige Drusenfluh. (Das Schweizer Tor ist Übergang zwischen dem Rellstal links im N und dem schweizerischen Prättigau rechts im S; Querverbindung zum südl. RHW). Man geht nach O geradeaus weiter und steigt zum Öfajoch (2291 m) auf, $\frac{1}{2}$ Std. Jenseits (Bild 24), die mächtigen N-Abstürze der Drusenfluh und später der Drusentürme zur Rechten, in $1\frac{1}{4}$ Std. durch das Öfatal hinab zur Lindauer Hütte, 1762 m (s. R 211). Weiterweg nach O: s. R 612.

● 611 RHW: Von der Lindauer Hütte zur Douglasshütte über Öfajoch – Schweizer Tor – Verajoch
HU 720 m aufw., 470 m abw. $3\frac{3}{4}-4\frac{1}{4}$ Std.

Von der Hütte durch die nahe Obere Sporaalpe in Richtung auf das bereits im W sichtbare Öfajoch (Bild 24). Über die Alpweiden auf Fußweg unter den mächtigen N-Abstürzen der Drei Türme und der Drusenfluh durch das Öfatal hinauf zum Öfajoch, 2291 m, 1½–1¾ Std. Jenseits (Bild 20, 24) 20 Min. durch das Tälchen hinab ins Schweizer Tor, 2137 m. (Das Schweizer Tor ist Übergang zwischen dem Rellstal rechts im N und dem schweizerischen Prättigau links im S; Querverbindung zum südl. RHW). Nach W in ½ Std. hinauf zum Verajoch, 2330 m, am N-Fuß der Kirchlispitzen. Vom Verajoch westw. das Pflanzenschutzgebiet rund um den Lünersee. Im Vorblick im W die Schesaplana. Abstieg nach W (Bild 19) und schließlich NW zur Lünersee-Alpe am Lünersee (Bild 14), ¾ Std. (kurz südl. oberhalb der Alpe Abzw. des Gafalljochweges, R 138; Querverbindung mit dem südl. RHW). Auf dem Uferweg links westseitig um den See am S- und NW-Ufer entlang und auf breitem Weg zur Douglasshütte mit Bergstation der Lünersee-Bahn, 1978 m, ¾–1 Std. von der Lünersee-Alpe (s. auch R 120). Weiterweg nach W: Siehe R 609.

● 612 RHW: Von der Lindauer Hütte zur Tilisunahütte über den Bilkengrat

Landschaftlich besonders lohnend; zugleich Zugang zum Sulzfluhanstieg durch den Rachen (R 225, Bild 21). HU 700 m aufw., 100 m abw. 2½–3 Std.

Von der Lindauer Hütte nach O durch den Porzalengawald absteigend auf die obersten Weideböden (etwa 1650 m) dicht unter den N-Abstürzen der Sulzfluh. Jetzt nach O wieder sanft ansteigend zu Wegteilung (P. 1684 der LKS) am Fuß des Bilkengrates, 20 Min. von der Hütte (rechts Abzweigung des Sulzfluhsteiges).
Man steigt kurz nach O an, dann linkshin auf den begrünten Rücken des Bilkengrates und in vielen Kurzkehren empor. Bei Höhe 2320 m quert der Steig links hinüber (Vorsicht bei Nässe!) zur Schwarzen Scharte, 2336 m, 1¾–2½ Std. Der Weg quert erst südöstl., dann südwestl. um den Verspalagrat (Bild 25) und führt dann links östl. durch das Hochtälchen hinab zur Tilisunahütte, 2208 m (s. auch R 236). Weiterweg nach O: Siehe R 614.

● 613 RHW: Von der Tilisunahütte zur Lindauer Hütte über den Bilkengrat

HU 100 m aufw., 700 m abw. 2¼–2½ Std.

Von der Hütte (Bild 25) kurz nach W empor auf dem Sulzfluhsteig.

Nach wenigen Min. Abzw. nach rechts und nordostw., dann nordwestw. hinauf zur Schwarzen Scharte, 2336 m, 20–25 Min. Von der Scharte jenseits (Bild 22) eben quer durch die Verspala-N-Flanke nach W auf den Bilkengrat hinüber (Rund- und Tiefblick auf den Gauertalschluß mit Sulzfluh, Drei Türmen und Drusenfluh. Im W die Schesaplanagruppe). In steilen Zickzacks über den Bilkengrat hinab zur Wegkreuzung an seinem W-Fuß, 1684 m. Nach W am Bergfuß entlang über die Weiden in den Porzalengawald und durch ihn nach W zur Lindauer Hütte, 1744 m, hinauf (s. auch R 211). Weiterweg nach W: s. R 611.

● 614 RHW: Von der Tilisunahütte nach Gargellen über Plassegga- und Sarotlajoch

HU 300 m aufw., 1100 m abw. 3½–4 Std.

Von der Tilisunahütte auf dem Sarotlaweg (Bild 25 und 26) nach SO wenig ab- und wieder ansteigend über die Weiden zum Rand der Kalkfelsen (Karren) und an ihm entlang nach S zum O-Rand des Grubenpasses, 2332 m, der rechts bleibt. Geradeaus weiter (Bild 26), an der Zollwachhütte vorbei, nach S wenig an- und absteigend dicht am Felsfuß der Weißplatte entlang sanft aufwärts zur Zollwachhütte, 2317 m, und zum Plasseggajoch, 2354 m (Grenze Österreich – Schweiz; Querverbindung zum südl. Rätikon-Höhenweg). Jenseits auf der Schweizer Seite halblinks 25 Min. sanft ansteigende Querung der SW-Flanke des Sarotlaspitz in SO-Richtung zum Sarotlajoch, 2389 m (Grenze Schweiz – Österreich). In Kehren (rot-weiß mark.) nach O hinab (Bild 27), an der Zollwachhütte vorbei, dann rechts nach SO am rechten Hang des Sarotlatales hinaus und nach S waagrecht zur Oberen Röbialpe, 1913 m, 1 Std. In Kehren nach O hinab über die Mittlere Röbialpe zum Röbi-Maiensäß (½ Std.) und in ¼ Std. hinab zum nördl. Ortseingang von Gargellen (s. auch R 266). Östl. End- bzw. Ausgangspunkt des nördl. RHW.

● 615 RHW: Von Gargellen zur Tilisunahütte über Sarotla- und Plasseggajoch

HU 1100 m aufw., 300 m abw. 4½–5 Std.

Beim nördl. Ortseingang von Gargellen nordwestw. (rot-weiß mark.) steil hinauf zum Röbi-Maisäß (Bild 27), 20 Min. Schräg links aufwärts und in den Tobel des Röbibaches (¼ Std. oberhalb des Röbi-Maisäß von links Einmündung des Weges, der von der Kirche in Gargellen westl. über dem Ort heraufführt). Über die Mittlere (1717 m; ¼ Std.) zur Oberen Röbialpe, 1913 m, ½ Std. Eben nach N, um den O-

Bild 41: Gargellen, 1400–1500 m, *mit (1) Ritzenspitzen, 2650 m, und (2) dem Schlappinerjoch. 3 = Ortsteil Vergalden, von dort nach links (SO) ins Vergaldner Tal. Blickrichtung: Südsüdost.* *Foto: G. Flaig*

Rücken des Borschtkopfes und nach NW, die Hänge des oberen Sarotlatales querend, über eine Hochstufe im Talgrund und nach W im Zickzack empor zum Sarotlajoch, 2389 m, 2¾–3 Std. Grenze Österreich – Schweiz. Auf der Schweizer Seite durch die SW-Flanke des Sarotlaspitz auf dem Sarotlaweg (Bild 37) zum Plasseggajoch, 2354 m (Grenze Schweiz – Österreich). Nordw. hinab wieder auf österreichisches Gebiet (Bild 26), an der Zollwachhütte (2317 m) vorbei, am O-Rand des Felsfußes der Weißplatte entlang und zum O-Rand des Grubenpasses, 2332 m, der links bleibt. Am Rand der Kalkfelsen (Karren) nach NW und über die Weiden (Bild 25) zur Tilisunahütte, 2208 m (s. auch R 236). Von der Tilisunahütte über das Tilisunafürkli Querverbindung nach Partnun – St. Antönien und damit zum östl. Ausgangs- und Endpunkt des südl. RHW. Weiterweg nach W: s. R 613.

2. Südlicher Rätikon-Höhenweg

Durchquerung des Rätikon südlich des Hauptkammes von West nach Ost und von Ost nach West.

● **619 Verlauf West-Ost:** St. Luziensteig bzw. Bergstation der Maienfelder Älplibahn – Maienfelder Badalpe – Sarina – Stürfis – Sanalada (oder Ganei) – Schesaplanahütte – Colrosa – Garschinafurka (– Partnun) – St. Antönien (– Fortsetzung für berggewohnte Wanderer, teilweise weglos, über das Rätschenjoch nach Klosters).

Ost-West-Verlauf: Genau umgekehrt, beginnend mit (Klosters –) St. Antönien – Partnun.
Der südl. RHW in seiner „klassischen" Wegführung beginnt bzw. endet in St. Luziensteig im äußersten Westrätikon. Da jedoch die Maienfelder Älplibahn einen viel bequemeren Zugang vermittelt und etwa 1200 Höhenmeter Aufstieg erspart, beschreiben wir beide Varianten. Die Enderlinhütte kommt als Stützpunkt nur für Geübte in Frage, da der Aufstieg zum Fläscher Fürkli stellenweise ausgesetzt ist (R 404).
Der gebahnte und bezeichnete südl. RHW endet bzw. beginnt im O in St. Antönien. Wer die vollständige Durchquerung machen will, kann von St. Antönien ohne Schwierigkeiten, aber abschnittweise weglos, über das Rätschenjoch nach Klosters gelangen.

Varianten und Querverbindungen. Die Jöcher im Hauptkamm ermöglichen mehrere Querverbindungen vom südl. zum nördl. RHW und damit abwechslungsreiche Varianten: Barthümeljoch (R 375 umgekehrt), Salarueljoch (Kleine Furka; R 440), Gafalljoch (Cavelljoch; R 442), Schweizer Tor (R 622), Drusentor (R 506), Tilisunafürkli (R 485), Plasseggajoch (R 484), St. Antönier Joch (R 472).
Geübte und trittsichere Berggeher können die Variante über den Schesaplanastock wählen: Salarueljoch – Liechtensteiner Höhenweg – Mannheimer Hütte (R 373) – Brandner Gletscher – Schesaplanagipfel – Totalphütte – Lüner See (– Douglasshütte; R 111) und zurück wie bei R 138 übers Gafalljoch auf den südl. RHW.

● **620 RHW: Von der Älplibahn-Bergstation bzw. von St. Luziensteig zur Schesaplanahütte über die Maienfelder Alpe**
HU 700 m aufw., 550 m abw.; von St.-Luziensteig 1100 m Aufstieg mehr (= 2½ Std.). 5–5½ Std., bzw. 8 Std.

a) (Bequemer als b): Von der Älplibahn-Bergstation zur Maienfelder Badalpe: Von der Bergstation, 1801 m, auf breitem, gutem Weg kurz westw., dann nordw. hinüber durch ausgedehnte Weideböden (Bild 28) und hinauf in die Einsattelung des Kamm, 1 Std. Jenseits in östl. Richtung hinab in wenigen Min. zur Maienfelder Badalpe. Hier mündet von W der Weg von St. Luziensteig ein. Weiter bei c).

b) (Mühsamer als a): Von St. Luziensteig zur Maienfelder Badalpe. Historischer Übergang der Walser von Stürfis. Etwa 400 m (5 Min.) südl. vom Landgasthof St. Luzisteig. Abzweigung von der Hauptstraße nach O (Wegzeiger). Ein schattiges Waldsträßchen führt südlich der „Lochrüfi" bzw. des Gleggtobel nach O hinauf. Dann auf steilem Fußpfad zum Sattel des Gleggkamm, $3^1/_2$ Std. Jenseits wenige Min. nach O hinab zur Maienfelder Badalpe (Einmündung des Weges von der Älplibahn herüber). Weiterweg:

c) Hinab (Bild 29, 30, 31) zur Fläscher Alp Sarina, 1809 m, $^1/_4$ Std., und weiter zu den Alpen Egg (1663 m; Notlager) und Stürfis, 1577 m, $^3/_4$ Std. Auf gutem Weg weiter nach O aufwärts. Man verläßt ihn nach $^3/_4$ Std. nach rechts (O): Auf Fußpfad Anstieg zur Hochstufe von Sanalada, $^3/_4$ Std. Auf Pfadspuren und der weiß-rot-weißen Markierung folgend Abstieg nach O über die Weiden zum Wald bei P. 1660, Fräschascalas, $^3/_4$ Std. Durch den lichten Wald, über den Bach und jenseits Anstieg auf den Weiden nach O, bis man auf den breiten Weg trifft, der über die Alpe Fasons hinauf zur Schesaplanahütte führt, 1908 m, $1^1/_4$ Std. (s. auch R 430). Querverbindung zum nördl. RHW, s. R 442. Ausgangspunkt für die Variante über den Schesaplanastock. Weiterweg nach O: siehe R 622.

● 621 RHW: Von der Schesaplanahütte zur Älplibahn-Bergstation bzw. nach St. Luziensteig über die Maienfelder Alpe

HU 550 m aufw., 700 m abw.; nach St. Luziensteig 1100 m Abstieg mehr (= $1^1/_2$ Std.). 5 Std. bzw. $6^1/_2$ Std.

a) Von der Schesaplanahütte zur Maienfelder Badalpe (Bild 29, 30, 31): Von der Schesaplanahütte, 1908 m, nach W zur Alpe Fasons und weiter auf dem Alpweg hinab Richtung Ganei. Man verläßt diesen Weg ($^1/_2$ Std. von der Hütte) nach W und folgt der weiß-rot-weißen Markierung über die Weideböden hinab zum Bach, 1 Std. Jenseits durch lichten Wald bei P. 1660, Fräschascalas, Aufstieg zum Heubühel, P. 1820, $^3/_4$ Std., und über die terrassenartige Hochstufe von Sanalada nach W. Nach Querung des Keritobels trifft man ($^1/_2$ Std.) auf den breiten Weg (von Ijes herab), dem man absteigend folgt über die Alpen Stürfis, 1577 m, und Egg, 1663 m, $^1/_2$ Std. Anstieg zur Fläscher Alp Sarina, 1809 m, 40 Min., und zur Maienfelder Badalpe, 1954 m, 20 Min. Wegteilung (Bild 28): Entweder

b) (kürzer, bequemer) zur Bergstation der Malanser Älplibahn: Von der Badalpe nach SW hinauf zum Kamm, 2040 m, 1/4 Std., und jenseits dem guten Alpweg folgend hinab zur Alpe Ortasee-Mittelsäß, 1773 m, und hinüber zur Bergstation, 1801 m, 3/4 Std. vom Kamm. Oder

c) (mühsamer, länger) nach St. Luziensteig. Von der Maienfelder Badalpe nach W in die Einsattelung des Gleggkammes, 2067 m, 20 Min. Jenseits in steilen Kehren hinab in den Gleggtobel und auf das Fahrsträßchen, das durch Wald südl. des Gleggtobels und der Lochrüfi hinabführt auf die Straße, die man wenige Min. südl. unterhalb des Landgasthofes St. Luzisteig erreicht, 2 1/4 Std. vom Gleggkamm. Luziensteig ist der westl. End- bzw. Ausgangspunkt des südl. RHW.

● 622 RHW: Von der Schesaplanahütte zur Garschinahütte

Besonders schöne Höhenwanderung ohne bedeutende Höhenunterschiede. 4 1/2–5 Std.

Von der Schesaplanahütte, 1908 m, auf gutem Wanderweg (weiß-rot-weiß bez.) über Weideböden unter den S-Abstürzen des Schesaplanastockes sanft ansteigend nach O und über die Viehweiden der Alpe Vals zur Colrosafurka, 2128 m, 2 Std. (Bild 33). Alphüttchen, zur Alpzeit Milch erhältlich; Notunterkunft. (Von Colrosa Querverbindung über das Gafalljoch zum nördl. RHW, s. R 442). Von Colrosa eben weiter nach O (Bild 34, 35), über Hintercavell und südl. unterhalb des Schweizer Tores vorbei zu Weggabel beim P. 2031 der LKS unterhalb des „Chilchli“, 1 Std. (Verbindung zum Schweizer Tor und damit zum nördl. RHW). Unter den mächtigen S-Wänden (Bild 36) der Drusenfluh und Drei Türme auf dem guten Wanderweg sanft ansteigend erst südl. durch die Heidbüelganda, dann ostw. über die Mittel- und Großganda zur Weggabelung südl. des Drusentores, 1 1/4–1 1/2 Std. (Querverbindung mit dem nördl. RHW, s. R 506). In 1/4 Std. hinüber zur Garschinafurka und zur Garschinahütte, 2221 m, nahe östl. davon (s. auch R 495). Weiterweg nach O: s. R 624.

● 623 RHW: Von der Garschinahütte zur Schesaplanahütte über Colrosa

Bequeme Höhenwanderung ohne wesentliche Höhenunterschiede. Das eindrucksvollste Teilstück des südl. RHW. 4 1/4–4 3/4 Std.

Von der Garschinafurka nach N hinüber zur Wegteilung südl. unterhalb des Drusentores, 1/4 Std. Unter den mächtigen S-Wänden (Bild 34, 36) der Drei Türme und der Drusenfluh auf gutem Touristenweg mit sanftem Gefälle über die Groß- und Mittelganda nach W und nordwestw. hinüber zu Weggabelung bei P. 2031 unterhalb des „Chilchli", 1 Std. (Verbindung zum Schweizer Tor und damit zum nördl. RHW). Auf dem linken, unteren Weg geradeaus weiter in den Talgrund südl. unterhalb des Schweizer Tors und (Bild 35) über Hintercavell in 1 Std. nach W zur Colrosafurka, 2128 m (Bild 33). Kleine Hirtenhütte, zur Alpzeit Milch erhältlich; Notunterkunft. (Von Colrosa Querverbindung über das Gafalljoch mit dem nördl. RHW; Abzweigung der Variante über den Schesaplanastock, bitte bei R 619 nachlesen.) Von Colrosa auf dem guten Wanderweg weiter: Nach NW auf die Alpböden der Alpe Vals und mit sanftem Gefälle unterhalb der S-Abstürze des Schesaplanastockes nach W zur Schesaplanahütte, 1908 m, 2 Std. von Colrosa (s. auch R 430). Weiterweg nach W: siehe R 621.

● 624 RHW: Von der Garschinahütte nach St. Antönien über Garschina oder über Partnun

HU 800 m abw. 1¾–2½ Std.

a) Über Garschina: Von der Garschinafurka auf gutem Fußweg durch die O-Hänge des Schafbergs und Girenspitz nach S zum Garschinaseeli, ¾ Std. und über das Meierhofer Älpli (Sommerwirtschaft) auf gutem Weg nach St. Antönien, 1420 m, hinab, 1¼–1½ Std. (Bild 37).

b) Über Partnun (Bild 38): Von der Hütte auf Fußpfad und Steigspuren nach O über die Schutt- und Blockhalden der Ganda unter den Sulzfluh-S-Abstürzen. Weiter nach O, am „Sulzhüttli", 2120 m, vorbei und hinab über die Partnuner Mähder, über den Partnunbach auf den breiten Weg und auf diesem in wenigen Min. rechts talaus nach Partnun-Stafel, 1769 m, 1½ Std. (s. auch R 480; von Partnun mehrere Übergänge über den Hauptkamm nach Österreich, s. R 485 ff.). Von Partnun-Stafel Abkürzung hinab nach Äbi und auf dem Fahrsträßchen talaus nach St. Antönien, 4 km, ¾–1 Std.
St. Antönien ist der östl. End- und Ausgangspunkt des südl. Rätikon-Höhenweges. Wer die Durchquerung bis nach Klosters fortsetzen bzw. dort beginnen will, findet die Beschreibung dieses Überganges unter R 473 (von St. Antönien über das Rätschenjoch nach Klosters) bzw. unter R 519 (umgekehrte Richtung).

● 625 RHW: Von St. Antönien zur Garschinahütte über Garschina oder Partnun

HU 800 m aufw. 2¾–3¼ Std.

St. Antönien ist der östl. Ausgangs- bzw. Endpunkt des südl. Rätikon-Höhenweges. Wer die Durchquerung der ganzen Gebirgsgruppe vorhat, findet das erste Teilstück von Klosters über das Rätschenjoch nach St. Antönien unter R 519 beschrieben.

a) Über Garschina: Von St. Antönien-Platz (1420 m; Bild 37) auf gutem Fahrsträßchen nach O zum Ortsteil Aschüel. In Kehren durch die Flanke des Kühnihorns zum Meierhofer Älpli, 1¼ Std. (Sommerwirtschaft). Ab „Bärgli", 2137 m, auf gutem Fußweg zum Garschinaseeli, ¾ Std. In weiteren ¾ Std. fast waagrecht am Hang hin und schließlich hinauf zur Garschinafurka und -hütte, 2221 m.

b) Über Partnun: Von St. Antönien Fahrsträßchen bis Partnun-Äbi, 4 km = 1 Std. Hinauf nach Partnun-Stafel, 1769 m (s. auch R 480; mehrere Übergänge nach Österreich) und (Bild 38) auf gutem Weg wenige Min. taleinwärts. Bei der Brücke über den Partnunbach, auf Pfad und Pfadspuren durch die steilen Partnuner Mähder nordwestw. hinauf zum „Sulzhüttli" und links nach W über die Ganda zur Garschinahütte, 2221 m, 2–2½ Std. Weiterweg nach W: s. R 623.

3. Weitwanderwege im Rätikon

Von den sieben Weitwanderwegen des AV Vorarlberg verlaufen zwei im Rätikon; sie sind rot-weiß-rot markiert:

a) Nr. 102. Verlauf: Frastanz – Amerlügen (auch Feldkirch – Tosters – Amerlügen) – Feldkircher Hütte – Hinterälpele – Sarojasattel – Drei Schwestern – Garsellakopf – Kuhgrat – Fürstensteig – Gaflei – Silum – Sücka – Gapfahl – Pfälzer Hütte – Liechtensteiner Höhenweg bis Große Furka – Lippa-Älpele-Weg – Hirschsee – Spusagang – Verbindungsweg zum Leibersteig – Mannheimer Hütte – Totalphütte – Douglasshütte – Lüner-See-Alpe – Verajoch – Schweizer Tor – Öfajoch – Lindauer Hütte – Bilkengrat – Tilisunahütte – Grubenpaß – Plasseggenjoch – Sarotlajoch – Röbialpe – Gargellen.
Auf den Teilstücken Feldkircher Hütte – Sücka sowie Douglasshütte – Gargellen ist er gleichlaufend mit dem (nördl.) Rätikon-Höhenweg (R 600–615). Weniger geübte Geher umgehen den Schesaplanastock wie folgt: Hirschsee – Nenzinger Himmel – Amatschonjoch – Brand – Douglasshütte.

b) Nr. 133 stellt die Querverbindung her von Bludenz – Bürs über Klostermaisäß – Brand – Schattenlagant zur Douglasshütte.

Alpine Auskunft

Mündliche und schriftliche Auskunftserteilung in alpinen Angelegenheiten für Wanderer, Bergsteiger und Skitouristen.

Deutscher Alpenverein

Montag bis Mittwoch von 9 bis 12 und von 13 bis 16 Uhr
Donnerstag von 9 bis 12 und von 13 bis 18 Uhr
Freitag von 9 bis 12 Uhr
D-80538 München, Praterinsel 5
Telefon (089) 294940
[aus dem Ausland 0049/89/294940]

Österreichischer Alpenverein

Donnerstag und Freitag von 8 bis 17 Uhr
Alpenvereinshaus
A-6020 Innsbruck, Wilhelm-Greil-Str. 15
Telefon (0512) 59547
[aus Deutschland und Südtirol 0043/512/59547]
Tirol Informationsdienst
Montag bis Freitag von 9 bis 12 Uhr
A-6020 Innsbruck, Wilhelm-Greil-Str. 17
Telefon (0512) 5320-175, Fax -174
[aus dem Ausland 0043/512/5320-175]

Alpenverein Südtirol
Sektion Bozen

Montag bis Freitag von 9 bis 12.00 und von 14 bis 17.00 Uhr
Auskunftsbüro im Landesverkehrsamt Südtirol
I-39100 Bozen, Pfarrplatz 11
Telefon (0471) 993809, Fax 993889
[aus Deutschland und Österreich 0039/0471/993809]

Register

Die Zahlen bedeuten ausschließlich die mit einem ● **bezeichneten Randzahlen,** nicht die Seiten.

Rätikon – Lünersee – Schesaplana

DOUGLASSHÜTTE
A-6708 Brand
Ernst Hämmerle
Hütte: +43 5559 206
Tal: +43 5559 213

TOTALPHÜTTE
A-6708 Brand
Thomas Beck
Hütte: +43 663 053128
Tal: +43 5559 582

http://members.xcom.com/alpenverein/

NOTIZEN

NOTIZEN

NOTIZEN